从儿童团长
到首都公安局长

张良基回忆录

张良基 ◎ 著

群 众 出 版 社
·北京·

图书在版编目（CIP）数据

从儿童团长到首都公安局长：张良基回忆录／张良
基著 . -- 北京：群众出版社，2021.5
　ISBN 978-7-5014-6076-2

　Ⅰ . ①从⋯ Ⅱ . ①张⋯ Ⅲ . ①张良基 - 回忆录 Ⅳ .
① K828.2

中国版本图书馆 CIP 数据核字 (2021) 第 076790 号

从儿童团长到首都公安局长
—— 张良基回忆录

张良基 著

出版发行：群众出版社
地　　址：北京市丰台区方庄芳星园三区15号楼
邮政编码：100078
经　　销：新华书店
印　　刷：北京市科星印刷有限责任公司
版　　次：2021 年 6 月第 1 版
印　　次：2021 年 6 月第 1 次
印　　张：13.5
开　　本：787 毫米×1092 毫米　　1/16
字　　数：180千字

书　　号：ISBN 978-7-5014-6076-2
定　　价：53.00 元

网　　址：www.qzcbs.com
电子邮箱：qzcbs@sohu.com

营销中心电话：010-83903991
读者服务部电话（门市）：010-83903257
警官读者俱乐部电话（网购、邮购）：010-83901775
综合分社电话：010-83901870

自 序
||||||||||||

　　《从儿童团长到首都公安局长——张良基回忆录》记录了我在党的培养教育下，在北京从警五十三载，同共和国一起成长所走过的风雨历程，反映了我们那一代广大民警的战斗生活。写回忆录是我离休几年后，在有关老领导和当年老战友们的鼓励帮助下，经过数年认真梳理、思考，并查阅了大量档案资料，逐步写出的，于 2013 年基本完稿。其后，受到市局时任领导的支持，经过多次补充和反复修改，于 2021 年初定稿。

　　2013 年北京卫视《档案》栏目播出了《热血铸警魂》，2016 年中央电视台"社会与法"频道《天网》栏目播出了专题片《公安传奇京城卫士》，采访我和当年参加侦破鹿宪州杀人抢劫银行运钞车、白宝山夜袭军警哨兵杀人抢枪等特大案件的老公安，记录了 20 世纪 90 年代发生的轰动京城乃至全国的两起案件以及艰辛的侦破过程，对见证那段岁月，了解首都公安走过的光辉历程有很大帮助。

　　本书如实地反映了我从小在抗日革命老区参

加儿童团，接受党的教育；少年参军，经军校学习后转业到公安；从基层片儿警、刑警到公安局长的不平凡经历。也反映了包括我在内的新中国成立之初培养的第一代刑警，参与侦破各种大要案所走过的艰难历程。我作为一个同共和国一起成长的跨世纪的公安局长，在改革开放转型期，忠诚履职、审时度势，为了强警，勇于创新，改变公安工作封闭式管理模式，带领广大民警建立了开放型警务模式，开拓了公安工作新局面，浓缩出一段首都人民警察队伍的成长历史。我们那一代广大民警受党的教育，都有崇高理想，有强警的热烈追求，不怕艰难困苦、不怕流血牺牲，勇于不断应对新的挑战。特别是在极其困难的条件下，发扬老一辈公安人特别能战斗、特别能奉献、特别能团结的优良传统，连破"鹿宪州""白宝山"两大奇案，受到中央领导和广大人民群众的高度赞扬。首都人民警察的腰杆直起来了！更加坚定了全体民警保卫首都安全的信心和决心。为打造一流队伍，我带领广大民警从抓基层、转作风做起，依靠群众支持，大力加强基层队伍建设。首先将派出所建制由科级升为副处级，各区交警大队改为支队（正处级），充分发挥基层队伍服务人民保一方平安的职责，改变了多年存在的头重脚轻现象。同时，为加强各警种实战能力，还大胆尝试，创建一系列具有首都公安时代特色的反暴、防爆、安检、外来人口管理等强化社会治安的警种专业队伍，实施人才战略，培养年轻接班人。并在全体民警的努力下，经过几年奋斗，建起现代信息化警务指挥中心和新110报警服务台，筑起空中、地面、网络三维立体防控体系。首都公安走上科技强警道路，这是北京公安史上的重大发展。

几十年来，我和广大民警一起战斗，一起生活，朝夕相处，建立了真挚的感情。我爱党、爱人民，也爱广大民警，"护犊子"出名，不爱兵怎么破案？怎么打硬仗？"从严治警也要以情待警。"我带兵严格也很出名，打铁还需自身硬，好钢是炼出来的。

"金盾之泪"（民警流血牺牲）是我的痛，培养年轻接班人是我的爱，强警是我的追求！在改革创新的前行路上离不开首都广大民警的共同努力和对我的大力支持！看到广大民警发扬老一辈革命精神，涌现出众多英雄模范人物，进入新时代许多年轻民警走上了各级领导岗位，我很欣慰。

首都公安走过了七十二年的光辉历程，我作为承前启后的开拓者、建设者、红色基因的传承者，感到无限光荣！我对自己的职业无比热爱，义无反顾地为之全力拼搏！"民忧我辱、民安我荣"，社会的安宁，人民的幸福，是我们军功章上最灿烂的颜色。我们愿用生命谱写人民警察之歌！

离休后，我被聘为公安部咨询委员，被选为中国警察协会特邀顾问。我心系首都公安工作，心系首都广大民警，不顾劳顿、不弃舟车，十几年一直坚持下基层作调研，为首都公安工作的改革发展建言献策。看到新一代广大民警在习近平新时代中国特色社会主义思想指引下顽强战斗，我很受鼓舞。2017年，借党的十九大东风，我两次下基层调研，在市局政治部调研处和老干部处的帮助下，写出《为适应新时代新要求公安改革必须走实战化强警之路》一文，受到公安部改革领导小组和公安部主要领导的高度重视和赞扬。我们那一代离退休老同志见证了新时代的伟大变革，为祖国自豪，为公安骄傲！

2020年8月26日，习近平总书记亲自向中国人民警察队伍授旗并发表重要训词。这是我国公安史上具有标志性意义的大事，我作为一名离休老警察备受鼓舞。2021年1月10日，全体人民警察迎来了第一个"中国人民警察节"，这体现了党和国家对人民警察队伍的充分肯定和关心关爱，我们有着强烈的荣誉感和幸福感。老骥伏枥当继续发光发热，增强"四个意识"、坚定"四个自信"、做到"两个维护"，为建设中国特色社会主义强国，实现中华民族伟大复兴的中国梦而奋斗！

2021年3月

目 录

ⅢⅢⅢⅢⅢⅢⅢ

◇ 附录：作者简历

◇ 后记

一 ◇ 少年时代

◆ 小小抗日少年

1934年10月12日，我出生在山东省掖县（今莱州市）红布村。掖县是古时莱州府的驻地，以掖水（今南阳河）得名。夏朝称莱夷地，商朝为莱侯国，周朝属莱子国，西汉时正式设置掖县，其后数易其名，民国初设立掖县。1988年，国务院撤销掖县，设立莱州市。

掖县地处渤海湾，是胶东半岛革命老区。1938年2月，日寇

入侵掖县县城。3月，中共掖县县委领导了玉皇顶起义，创建了"胶东抗日游击第三支队"和掖县抗日民主政府，开辟了胶东第一个抗日根据地。

我从小生长在海边，经常跟着大人和小伙伴们一起到海边玩耍，捉鱼捞虾，过着半渔民生活。抗日战争时期，日寇视掖县为"共产圣地""八路老窝"，对当地人民进行残酷镇压。他们四处抓壮丁、建炮楼、挖战壕，对革命老区疯狂大扫荡，实行"抢光、烧光、杀光"的"三光"政策。其凶狠残暴，令人发指；血债累累，罄竹难书。那时，在我的家乡传唱着许多抗日歌曲。经常唱的歌曲中，有一首《小日本》："小日本，心不善，坐着飞机扔炸弹。炸火车，炸电线，炸死百姓千千万。小人儿小人儿你快长，长大参军把日抗。"我六岁那年，一次跟着奶奶和三叔到公路边的玉米地里干活儿，正碰上日本鬼子的汽车通过。因公路被八路军拆断，日本鬼子抓住了在公路边上干活儿的老百姓，把大刀架在我三叔的脖子上，逼迫他回村叫人过来一起修路。三叔和奶奶带着我跑回村里，就没敢再出来。从那时起，我就恨上了日本鬼子。仇恨的种子深深扎进了我的心中，我心想，等我长大了，我一定要报仇杀鬼子，把日本鬼子赶出中国。

为抗击日本鬼子的侵略，保护老百姓，八路军游击队经常秘密潜入村里发动群众，组织开展抗日斗争。游击队来村里，经常住在我家。我娘和我奶奶常给他们熬绿豆汤、做饭吃。我从小喜欢蹦蹦跳跳，喜欢枪。他们有空儿就给我讲八路军战斗英雄的故事，教我打枪，教我读八路军的书。八路军和人民群众之间的鱼水之情，让我油然而生亲近之感，特别是看到身边的亲人踊跃报名参军打鬼子，更让我有了"长大了就去参加八路军"的理想。从七岁上小学（村办）起，我就参加了儿童团，当过儿童团长，为游击队站岗、放哨、送鸡毛信。每逢接到鸡毛信，我就装扮成打草拾粪的小孩儿，紧急送到邻村儿童团再转送。一次，我在村外树上放哨，被下来扫荡的"二鬼子"伪军发现，喊我下来给他们带路。我怕被他们抓住，急中生智跳到玉米地里，一溜烟儿地跑回村子，赶紧报告游击队，游击队迅速转移，避免了伤亡。游击队叔叔们表扬我勇敢有智慧。那时抗日斗争非常艰苦，在共产党领导下，军民团结一条心，老少抗日齐上阵。我们读的是八路军的书，唱的是八路军的歌，大刀向日本鬼子砍去……

◆ 苦难学徒生涯

旧时代的中国，始终处在内忧外患、战乱频仍、天灾人祸、水深火热之中。广大的劳动人民生活在社会的最底层，很多人处于上无片瓦、下无立锥之地，常年吃糠吃野菜，饥寒交迫，在生死线上来回挣扎。苦难，宛如一座大山，压得劳苦人民喘不上气来，很多人舍家闯东北。早在我幼年时，父亲和两位叔叔为了谋生计，被迫去北平和天津务工，母亲和爷爷奶奶节衣缩食、省吃俭用，生活也难以维持。由于1941年和1942年日本鬼子连续进行毁灭性的"扫荡"，再加上1942年大旱，1943年老家出现了严重的灾荒，"树皮都被啃光了"。为了生存，母亲带我来到北平，找到在外务工的父亲。当时的北平在日伪的统治之下，工商业遭到了严重的破坏，可谓百业萧条，大部分买卖商铺被耗到了油尽灯枯的地步，许多条街上开业铺户不足三成。父亲虽然在北平务工多年，但多数收入都寄回老家补贴家用，身上并无积蓄。但父亲还是咬着牙让我上了两年高小。

1945 年 8 月 15 日，日本宣告投降。北平举城欢呼，都以为苦难就要过去了。但随之而来的又是国民党横征暴敛，疯狂掠夺、奴役毒害百姓。我十三岁时，父亲实在养不起我，送我去一家作坊当学徒工。旧中国多是手工作坊，学徒年龄多半在十二三岁左右。

少年时代

学徒须有铺保、人保，立下"学徒契约"，"只许东家不用，不准本人不干"，"生死不管、不干要赔饭钱"。我被送进一家小作坊，掌柜的脾气很大，经常打骂学徒。我每日学缝皮子、学织布，还要学做饭。稍有不慎，就会被打骂，日子很难熬。我年龄虽小，但也有反抗心理。一次，在学做饭时，因为力气小，端不动盛满水的铁锅，洒了一身水，掌柜的连打带骂，追着我满院子跑，我无奈之下捡起院子一块小砖头打向掌柜的，然后我跑回了家，不想又被父亲打了一顿，领我回来向掌柜的求饶。我只有忍辱求生。到了我十五岁那年，北平和平解放，来了救星共产党解放军，我幸运地跳出苦海，参加了解放军，从此转变了命运，获得了新生。

◆ 考入军校参军

1949年1月31日，北平宣布和平解放。2月3日，解放军举行北平入城仪式。站在欢迎的人群中，我看着人民解放军浩浩荡荡开进北平，心里又高兴又激动。亲人来了，让我想起当年的八路军游击队，参军的理想再次萌生，但自己年龄小，又怕部队不要。正好，华北军政大学（原解放军陆军指挥学院，现石家庄机械化步兵学院前身）招生。1949年9月，我悄悄虚报了两岁，瞒着父母报考了华北军大，很幸运，我被录取了。父母身边就我一个儿子，不愿意我离开他们，但我决心已下，拿上两件衣服就跑出家门，直奔前门老火车站参军报名处。接待的军代表看我年岁小，说："小鬼，你还不能当兵。"我说："现在长大了，你看看录取榜上有我的名字！"就这样，我如愿成为一名光荣的军校学员。

华北军政大学于1948年5月23日在石家庄成立，是培养我军中高级军事人才的最高学府，叶剑英任校长兼政委。我被编到军校第一总队第三大队（学生队）。第一总队驻在北京长辛店槐树岭。我们按排级待遇，每月发津贴六元，我只留下两元，将另

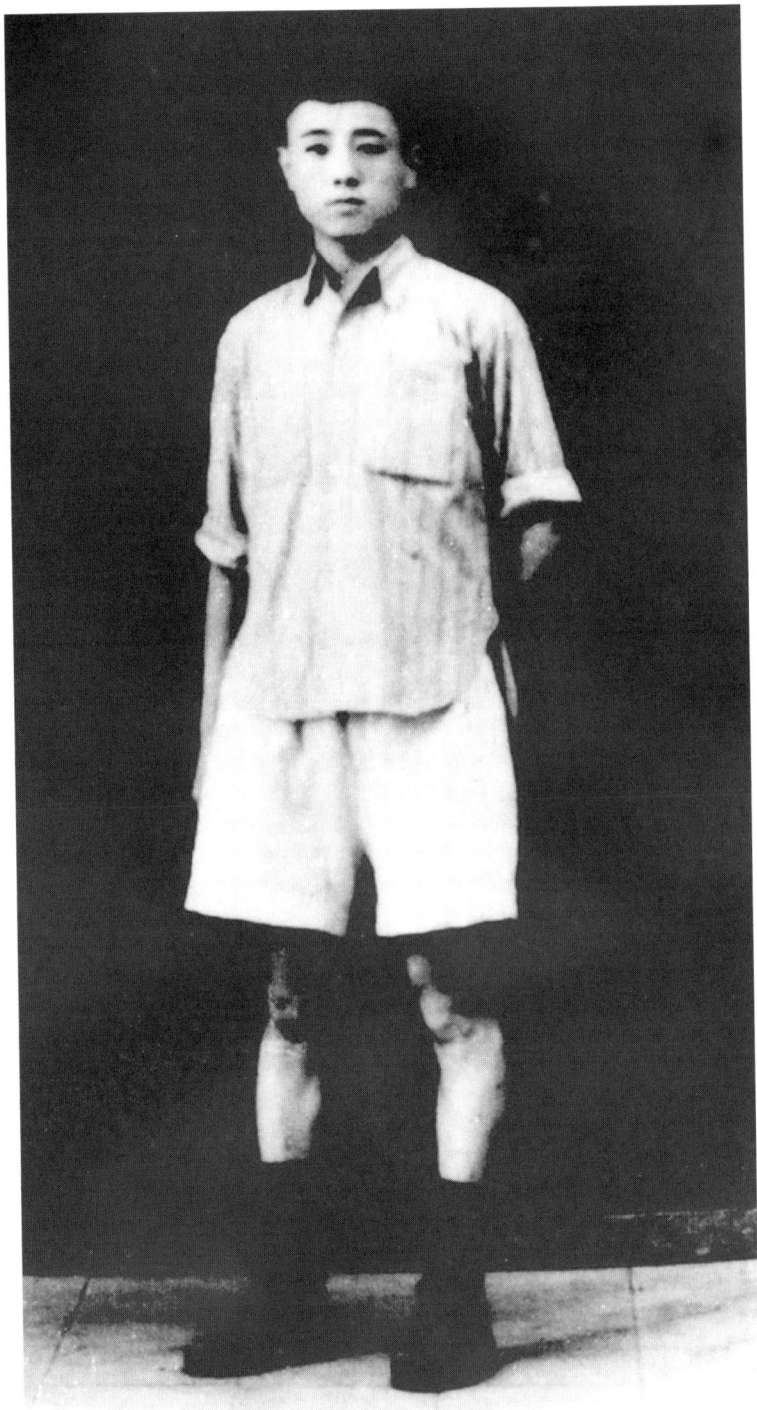

军校时代

外四元寄给在老家的父母。因我参军后，父母回到了山东老家，生活很困难，能收到我寄去的津贴，家门上又挂了"光荣军属"牌匾，他们从心里高兴。

我在军校年龄最小，穿上军服，上衣下摆到大腿，穿上翻毛皮鞋觉得脚小，但背上军包，我却不觉得沉，反而觉得很光荣，很精神。我热爱学习、热爱劳动，经常带头掏厕所，打扫卫生。首长很喜欢我，都管我叫"小鬼"。还教我演戏，我扮演《兄妹开荒》里的妹妹，逗得大家哈哈笑。有一次，教员突然问我十几岁了？我猛然答复十五岁了。教员笑着说，看你也不像十七岁！在连队生活会上，我如实交代多报了两岁的情况。实际讲，虚岁也可以说是十七岁。首长还当众表扬我诚实。

在军校，我接受了系统正规的马克思主义教育，学习了社会发展史和政治经济学，听过艾思奇（我党著名理论家、哲学家、教育家和革命家，毛泽东同志评价其为"中国的理论领域的忠诚战士"）、薛暮桥（当代中国杰出经济学家，中国经济学界泰斗）等著名教授、学者讲课，受益匪浅。记得有一次，毛主席的儿子毛岸英陪同苏联女教授福尔采娃给我们讲苏联十月革命，毛岸英现场做翻译，受到了学员们的热烈欢迎。通过军校系统的理论学习，我提升了自己的思想理论水平，真正懂得了中国共产党是中国工人阶级的先锋队，要为推翻旧制度、领导劳动人民翻身解放、实现共产主义而奋斗，进一步坚定了我跟党走的理想信念。

军校每天军事训练很紧张，经常半夜吹紧急集合号搞夜行军，爬山坡、走草地，训练很艰苦。我虽然年龄小，但经受过艰苦的磨练，再苦也能坚持，从未掉过队。1949 年 12 月，因为各方面表现优秀，我在连队第一个光荣地加入共青团（当时称中国新民主主义青年团），成为了一名优秀的军校学员。

1950年6月，朝鲜战争爆发。部队动员赴朝鲜参加抗美援朝，我积极报名。但遗憾的是，我因体检时发现患有肺结核病没能上抗美援朝的战场，后来随一批学员转业到地方工作。转业时，我曾回山东老家休养了一段时间。

在老家休养期间，我担任过掖县后坡区团区委委员，村团支部书记（我回村后组织的村团支部）和村农会副主席。当时，正值社会主义改造时期，百废待兴，农民的生产热情非常高。我每天坚持到田间，和村里农民一起抓生产，宣传党的政策，鼓励农民走互助合作化道路。我从小就生活在农村，对于农业生产比较熟悉。虽然当时身体不太好，但是一想到能为社会主义新农村建设贡献自己的力量，就干劲十足。

在努力参加劳动的同时，我也积极响应党的号召，组织开展扫盲运动。这期间，我充分发挥自己在华北军政大学学习到的文化知识的优势，自告奋勇担任了夜校教员，每天晚上教农民和青年学识字、学文化，并组织团员青年活动，进行社会主义教育。为活跃农村文化生活，我还组织青年演出歌剧《劳动模范刘秀兰》，我扮演剧中大春，受到本村和邻村群众的热烈欢迎。

经过一段时间的劳动锻炼，我的身体逐渐恢复了健康。特别是在与农民们一起劳动、一起欢笑中，我的思想也受到很大教育，我深切感受到共产党人与人民群众的鱼水之情割舍不断，深刻理解了我党全心全意为人民服务的宗旨，我是一名受过教育的军人，立志把保卫国家安全，保障人民安居乐业作为自己毕生的事业！

二 ◇ 入警

◆ 当好片儿警

　　1948 年 4 月，随着平津战役进入尾声，北平已处于人民解放军的重重包围之中。为了顺利接管北平，党中央指示中共中央社会部为接管大中城市做好准备。接管北平市旧警察局是一项重要而艰巨的任务。当时，中央社会部从革命老区选调 100 名优秀干部，加上北平去的 8 名党员大学生，合计 108 人（史称一百单八将），组成了一个特别的训练班。在结业典礼上，中央社会部李克农部长讲了这样一席话："北平是国民党反动派统治华北的大本营，社会情况十分复杂。既有清朝遗老、下野的军阀、失意的政客，又有蛰伏的汉奸、官僚资本家、封建把头、恶霸、惯匪、惯窃以及地痞流氓等，任务非常艰巨，不得有任何的掉以轻心。"同年 12 月 17 日，以训练班成员为基础，吸收其他力量组成的北

当上片儿警

京市公安局前身——中国人民解放军北平市军事管制委员会市政府公安局，在河北保定成立，并任命中央社会部副部长谭政文为公安局局长。1949年2月2日，谭政文率领军管会代表正式接管国民党旧警察局，向全体旧警察宣布政策纪律。次日，人民解放军举行入城仪式，一个新的时代开始了。

我是在北京参军的，1951年5月，通过组织介绍回到北京，转业到北京外二区（后改为宣武区，也是我参军的地方）。当时，区长王允找我谈话，想派我到派出所当民政干事（当时没有街道办事处，民政工作放在派出所，民政干事享受干部待遇）。我说："我年龄小干不了。"他问我想干什么，我很坚定地说："想干公安、当警察。"他笑了，对我说："干公安可苦，还有危险。"我说："我不怕苦，更不怕危险。"就这样，我被分配到外二分局，在施家胡同（后改为大栅栏）派出所当了一名片儿警。这一年我才十七岁，能当上首都人民警察我觉得很光荣，终于能直接保卫毛主席和党中央了。

当好片儿警也很不容易，尤其是我初当人民警察，没有受过专业训练，开展工作很难。新中国成立初期的北京，表面上风平浪静，背后却是暗流涌动，既有国民党潜伏下来的众多特务，也有很多散兵游勇，他们混迹于城市，社会背景异常复杂。如果不及时加以甄别清理，就会给首都的社会治安带来极大隐患。为查清全市人口底数，市局建立了"新的户籍制度"。为了摸清户籍底数，要求片儿区民警深入到群众中去，通过全心全意服务人民、充分依靠人民群众，确切了解人口情况。

当时，我想警察是和平时期的军人，担负着保卫新生人民政权和维护社会安定的重任，特别是首都人民警察，直接保卫毛主席和党中央，职责更为重要。我的工作积极性很高，可当时派出所还有留用的旧警察，这给我带来一些不愉快。一次到管片儿，刚进胡同，一群小孩儿喊："警察来了！"之后，周围的人都吓跑了。我很惊讶，不知道为什么。看了看身边的旧警察，我明白了，原来就是因为他们，老百姓痛恨旧警察。这让我第一次认识到，并不是穿上了警服就成了"人民警察"。

回到所里，我向所长反映了情况。所长告诉我，这是暂时的，我们也在改造留用的旧警察。并让我多接近群众，为群众多办事，群众就欢迎你了。所长告诉我要建立新的户籍制度，必须深入群众广泛宣传党的政策，赢得人民群众的支持。

之后，我私下甩开旧警察，自己下管片儿。我每到管片儿，就宣传我们是人民警察，同解放军一样，都是毛主席的队伍，是为人民服务的。进门先叫大爷大妈，先敬礼。有一位大妈身体不好，我就经常帮她到院子里打水，打扫院子，陪她聊天，听她讲述大院的情况。后来，我又与胡同里的一位修鞋老大爷交上朋友，他对我什么话都说，给我讲了很多胡同里的故事，反映了很多情况，对我掌握片儿区内人口动向以及开展工作起到了很大作用。所长表扬了我。这是我最初学会联系群众、为人民服务，也是我最初学会掌握社情、敌情，做好公安工作。

当时，派出所民警很少，还有留用的旧警察，除分几大片儿管户口，了解人口情况外，还要负责治安巡逻。那时不比现在，没有高楼大厦，没有居民楼，到处是大小胡同大杂院，每天走街串巷；也没有街道群众组织，只能按户口登记情况上门了解情况，做到每个人都要见面，依靠大杂院的群众发现问题。但我坚信在党的领导下，依靠群众，就一定能办好事情。我负责的管片儿，闲杂人多，我就多接近群众，用心搞调查，掌握各种人员情况，对发现的可疑线索及时上报领导。白天，我夹着十多斤重的户口簿，到管片儿核查人口情况，为群众办事。晚上，扛着大枪串胡同巡逻，保一方平安。每天工作虽然很累，但收获很大。接触群众越多，了解情况越多，对群众的感情也就越深。

片儿警生涯仅仅半年就结束了，1951年12月，我被选调到市公安局三处刑事警察大队当了一名刑事侦查员，就是现在的刑警。这一干，就是一辈子。虽然对我来说，打击犯罪、除恶为民，是我梦想的职业，是我愿为之奉献一生的职业，但至今我还是留恋当片儿警的时光。

◆ 刑警体验

我调到刑警大队，正赶上"镇压反革命"后期，取缔"一贯道"反动会道门组织和全国"肃毒"运动初始。刚开始，我被分配到一中队当侦查员。一中队是刑警大队骨干力量，配备干部能力比较强，担负任务比较艰巨。我刚入行，就是跟着干活儿，跟着跑、跟着练。

当时，刑警大队还有少数原国民党侦缉队留用人员。听说国民党侦缉队多数是披着警察外衣的特务组织，我很警惕。刑警大队，从大队长马永臣、政委李路到各中队、分队干部，都是从部队转业和老区地方调来的。同时，从山东荣军学校负过伤的连排长中调来一批老战士，成为骨干力量。大家都没有干过公安工作，缺乏经验。只有副大队长朱培新是在北京解放前，我党派入国民党警察局的地下工作者，懂专业，有经验。

大家对刑侦工作比较陌生，面临的困难不少，但都凭着对党的忠诚和勇气在摸索、拼搏着干工作。好在刑警大队各级领导政

当上刑警

治纪律性很强，有着顽强作战的精神。有的在部队当过指挥员，有的在地方工作过，都有各自的优势。我在军校受过正规的政治军事教育，与其他十几名公安学校毕业学员算是年轻骨干力量。当时，罗瑞卿部长兼任北京市公安局长，后来，冯基平接任局长。在市局党委的坚强领导下，我们这批首先踏入刑警队伍的老战士，很快熟悉掌握了刑侦工作方法。大家干得很起劲，我也越来越对刑警工作感兴趣了。

刑警大队是一支便衣队伍，主要任务是搞刑事侦查，打击犯罪，保护人民，捍卫政权，维护社会安全。按我们内部讲，反革命要镇压，小偷也要抓。

当时，抓贼分"白钱"、"黑钱"。"白钱"，就是扒窃；"黑钱"，就是夜里越墙入户盗窃。有一次我到天桥（北京最热闹的地方）学抓扒手，我心里很紧张，看到贼在偷人钱包，自己先哆嗦，不知道怎么抓。有个刚从公安学校毕业的学员，跟着上电车抓扒手，看见扒手在偷钱包，自己紧张得尿了一裤子。其实，和我一起出警的几个老战士也不会抓贼，上去就抱住小偷喊事主，结果小偷把钱包扔了，不承认偷钱包。这样的事有很多，让人哭笑不得。后来，我们慢慢懂得抓扒手必须先抓住贼的手，拿到证据，照此办法我们连续抓了多名扒手。为了抓"黑钱"贼，常常要到现场蹲守。大半夜里守在小胡同电线杆子底下，一个人守一处，对我来说实在是个考验。蹲守很辛苦，但抓到了贼，大家都很高兴，拥抱在一起。抓贼难，出凶杀案现场更难。第一次出现场我不知道怎么勘查，都不敢看被害人的尸体，更不用说做尸检了，觉得很恐怖。这就是当刑警的苦和乐。

都说当刑警苦、破案苦。但我当上刑警后却不觉得苦，不觉得累，反倒觉得很光荣，把破案当作很光荣的事。那时工作条件很差，大队长才配一辆三轮摩托车，我们侦查员每班发给一辆自行车，十几个人每天挂牌轮流使用，再后来，每人配发一辆自行车，有了自行车如同长了翅膀，从此我一直是骑着自行车办案。

◆ 保卫政权

新中国成立之初，保卫新生人民政权是公安机关的首要任务，北京市公安局按照公安部的统一部署开展了肃清敌特、铲除恶霸、镇压反革命等一系列极具震慑性的统一行动。我作为公安队伍中的一员，积极投身到保卫新生人民政权的伟大斗争中。

1950 年 12 月，根据党中央的部署，市公安局开展了取缔"一贯道"的行动。"一贯道"是北京地区最大的反动会道门组织，道徒 20 余万人，上层道首多是汉奸、特务、反动地主或流氓恶霸。为调查摸清道首、"坛主"、"点传师"等骨干人员情况，侦查人员遍访辖区各个角落，我骑车最远到过房山、门头沟。那么远的路，骑自行车去实在是累，而且冒着被反动会道门组织暗算的生命危险，但我不怕苦、不怕累、不怕牺牲。为保卫人民政权，早日肃清一切反动势力，严厉打击各种犯罪，我心甘情愿付出一切。我每天跟着调查、抓人、熬夜审讯，审讯时还要做记录，不能睡觉，困得我老打盹儿。有时审讯员一拍桌子，先把我吓一跳，但我仍然坚持白天晚上跟着干，从不叫苦。

有一次，市里集中镇压一批反革命，枪毙了几十人，领导派我到刑场（原陶然亭城墙根下）核对被枪毙的人数。我拿着通行证，骑上自行车，兴冲冲地赶赴刑场。到了刑场，我傻眼了，人已经枪毙完了，都躺在那里，现场一片寂静，我害怕极了，数了好几次，才数清楚。回来报告时，大家哈哈大笑，这时我才明白这是领导有意锻练我的胆量。

◆ 光荣入党

后来，组织安排我当中队内勤干事、文书，提拔我为干部。当时全国正在开展"肃毒"运动，任务很重，每天的工作就是接发文件、写简报。刚开始，我哪里会写，常常要熬到半夜才能完成，慢慢地可算学会了。领导看我有进步很高兴，总是在鼓励我。当时，中队长赵国兴（在部队当过营教导员，后来升为大队副政委，又被调到电子管厂当了党委书记）很喜欢我，把我当小孩儿（小时候一直没什么营养，长得瘦小），没事就举着我玩儿，给我讲部队和老区的故事，鼓励我不要怕苦，要当好新中国刑警。我也经常向他汇报思想，和他交心。他见我要求进步，就积极培养我。但他对我要求很严，经常给我加任务，在我当了内勤干事、文书之后，也依然每天拉着我熬夜审讯，让我作记录，我不敢有一点儿松懈，我知道这是对我的考验，也是锻炼。让我到刑场数数练胆量也是他的指示。这是革命的友谊，也是培养我的苦心，我经

入党后与父亲合影

受住了考验。

在我十八岁时，也就是 1952 年 11 月，中队长赵国兴和指导员王伦介绍我光荣地加入了中国共产党，这是我人生中最重要的一步。入党后，我更加严格要求自己，在党的培养教育下，我更加努力学习和工作。

1952 年，"三反"运动开始，我参加了市委、市政府组织的"三反"工作队，下到街道发动群众，开展反贪污、反浪费、反官僚主义的运动。我被派到牛街回民区，在工作中，我非常注意回族风俗礼仪，吃饭也改吃清真饭，和回民群众打成一片。因为我有在派出所做群众工作的经验，完成任务较好，受到了表扬。

早在 1950 年 12 月 16 日，为了有别于旧警察，中央人民政府公安部就发出统一"人民警察"名称的通知，各种警察统称"人民警察"，简称"民警"。"三反"运动开始后，针对公安队伍中暴露出来的问题，市局适时转向"大张旗鼓地公开与旧警察作风做斗争"，肃清旧察作风，清理公安队伍。我积极投身这场斗争。

不久，刑警大队扩建，在城区又成立了几个中队，先后调我到东、西城区两个中队当过文书。后又调我到大队社会组，负责清查反动会道门组织，我又开始骑车下乡办案。

当刑警就是破案，小偷要抓，杀人抢劫案要破，反革命破坏分子、暴力恐怖犯罪更要严厉打击。我没有上过公安学校，没有受过专门训练，进了刑警的门，就是自己摸索跟着学、跟着干，但是毕竟缺乏理论知识，不能自如地开展工作。我从没有忘记中队长赵国兴的嘱咐，"要当好新中国的刑警"。在党的培养教育下，我更坚定了事业心，做一辈子好刑警，为党为人民贡献一生。当好刑警必须提高自己的能力，跟上时代的发展，要有创新精神和牺牲精神。我下决心，利用工作之余，甚至夜里不睡觉，攻读有关刑事侦查的书籍，尽快提高理论知识水平。刚起步的新中国刑侦工作，主要是学前苏联，那些翻译过来的"刑事侦查学"、"犯罪心理学"、"犯罪行为学"、"痕迹学"以及"法医学"，等等，学起来很困难，但我想，再艰难也要拿下。

中国有中国的国情，新中国的刑侦工作与前苏联的刑侦工作最大的不同就是，我们坚持加强党的领导，走群众路线，强调调查研究，注重现场勘查，注重证据，依法办案。在学习中，我勤于思考，坚持历史地、唯物地、辩证地看问题，洋为中用，逐渐学会了操作应用。当时很多人学福尔摩斯推理破案失败。我也看了福尔摩斯侦探小说，我对推理性破案很反感。我更相信只有靠调查研究，从现场找问题，从现场找答案才能破案。

三 ◇ 锋芒

◆ 净化社会面环境

1956 年，我国已进入社会主义改造时期。刑警大队升格成立了十七处（刑警处），我被调到十七处侦查科当组长，成了一名"探长"，主要任务是净化社会面环境，清理违法犯罪场所，了解掌握犯罪动态，为打击犯罪、刑侦破案提供情报信息。

当时，盗窃、销赃情况很严重。北京有很多旧货收购店和当铺，还有串胡同打小鼓收买旧货的小贩，他们中有些人与窃贼勾结，成为销赃的渠道。此外，还有洗澡堂、台球室等休闲娱乐场所也是发现重大破案线索的地方。控制这些特殊行业，对侦查破案有很大帮助。通过集中清理销赃渠道，打击流氓黑恶社会势力，我们破获了一些重大盗窃案件，也使我进一步增长了破案知识。

不久，社会上出现了类似过去老北京胡同和大杂院里"老炮儿"

的一茬小流氓，他们聚众斗殴、抢地盘、拍婆子、抢军帽、抢军大衣，已经逐渐形成了流氓团伙，造成了严重的社会危害。突出的有在西郊莫斯科餐厅（俗称"老莫"）附近，经常聚集西城和南城一帮流氓寻衅闹事，使社会治安受到很大影响。在市局统一部署下，我们集中开展了打击整治工作。此时，东郊国棉三厂地区又出现一支号称"九龙一凤"的流氓团伙，纠集四面八方的流氓"抢婆子"、打群架。领导指示我采取分化瓦解的方法予以打击，于是，我抓住一名从天津过来的流氓头头和一个活跃的女流氓作逆用，控制了他们的恶斗，进而瓦解打散了这伙流氓组织，有力地遏制了当时流氓恶势力的发展蔓延。

之后，社会上又出现利用跳交际舞和家庭黑灯舞会传播西方文化、搞流氓卖淫活动的情况，严重扰乱了社会治安。解放前的一些妓女也重操旧业，有的与外国人勾结，暗地卖淫。根据周恩来总理"坚决清理打击"的指示，我们深入各大饭店和国际俱乐部舞会，调查摸底与外国人勾结的卖淫妓女（俗称 200 号），坚决打击组织卖淫的流氓头头，取缔搞流氓鬼混的家庭黑灯舞会。王少华科长让我带队行动，他要求我们必须严守纪律，做到"出淤泥而不染"。我带领十几个年轻侦查员，每天到各大饭店和俱乐部舞会化装观察、跟踪调查。这对于我们每个侦查员来说都是很大的考验，舞厅灯光时暗时明，有的妓女与老外勾搭，找其谈话时不说话，只是对你笑……如何顶住各种诱惑，我确实很担心。我们每天穿上西服，化装成服务员或门卫开展隐秘、有效的调查工作，及时打掉了在各舞厅的各种流氓活动。

这是我当探长以来第一次独当一面开展工作。净化社会面环境，了解掌握犯罪动态，也是主动出击、遏制犯罪的一个重要方面。对我们来说虽然是新课题，又很敏感、很艰巨，但我们严守纪律，克服重重困难调查、取证，经过几个月的治理，圆满完成了任务，净化了社会环境，受到中央领导的表扬和社会好评。

◆ 保卫合作化实施

1957 年，在组织三轮人力车合作化时，为了防止有人因清理黑车闹事，领导派我扮成三轮车夫，在前门老火车站停车场蹲守观察了几个月。很多人都知道过去老北京"老炮儿"的毛病，"坐地称霸、满嘴脏话"，在这些三轮车夫身上都有存在，只能顺毛捋，不能呛茬。为了观察探听他们可能闹事的信息，我主动与他们接触，装作年轻不懂事，东问西问，不怕挨骂。发现应注意的情况及时向领导报告。有时我也借机宣传几句组织合作化好，对三轮车工

合作化时期

人有保障，他们也有回应，表示愿意接受合作化。这让我心中踏实多了。在和他们一起生活的过程中，我也体会到了基层老百姓生活的艰辛，丰富了个人生活的阅历，更多地了解了老北京人的习俗，弄懂了老北京的俗语，知道了他们的生活需求，同时宣传了组织合作化的好处，顺利完成了任务。

这一段经历是我刑警生涯中永远忘不掉的。当刑警就是这样，为了完成一项任务，需要干什么就要干什么，这也是当刑警的乐趣。我进了刑警的门，干了很多杂活儿，经历了很多事情，有些当时可能不理解，我也说不清楚，但我的经历告诉我，这就是一种职业，也是一种生活，就是在群众的喜怒哀乐中生活。不管在哪个时期，对社会各行各业、"三教九流"都要接触，都要有所了解。社会就是大学，破案不仅需要专业知识，也需要社会知识。

后来，北京开通了公共汽车，为保障公共汽车运行安全，领导又派我带人上车，保卫公交安全。当时公共汽车上也出现扒窃和流氓活动，我就组织打扒队上车打击。之后，随着公共汽车线路增加，公交安全保卫任务越来越重，我主动与公共汽车公司保卫科和各分厂、各线路保持密切联系，帮助指导他们建立维护安全制度，广泛发动职工，共同维护公交安全。那时，公安机关的职责使命就是为社会主义改造保驾护航。

◆ 参与破获大要案

1957年3月，十七处又合并到十三处（治安处），侦查科改为侦查一科，正式成为大案侦查科，负责全市刑事大要案侦破工作。王少华仍是科长，有四个破案组长，我是年龄最小的组长。20世纪五六十年代，我跟着王少华科长参加了不少大案、要案侦破工作。其中破获的著名特大案件有：故宫珍宝馆"金册"被盗案、中国历史博物馆西周青铜器"史孔和"被盗案、模仿周恩来总理批示诈骗中国银行20万元案，等等。这些大案成了北京公安史上的传奇案件。

记得在1959年破获故宫"金册"被盗案时，接到报警电话，我们很快赶到现场，并调来警犬对现场进行搜查。珍宝馆院墙很高、院子很深，我和其他同志首先带着警犬进入珍宝馆仔细查看，经现场勘查发现犯罪分子仅遗留胶鞋脚印，其他痕迹很少，判断犯罪分子是有预谋作案，是惯犯，极大可能是外地流窜犯作案，市局派员前往天津，将在列车上查获的犯罪分子抓捕归案。

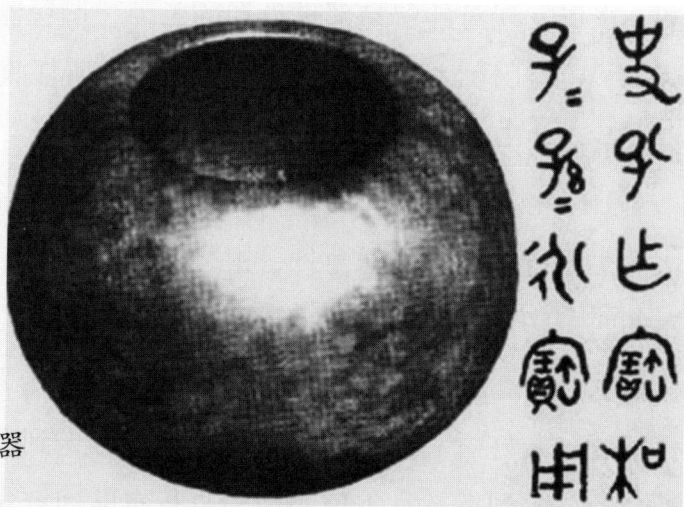

西周青铜器
"史孔和"

1959年，天安门广场东侧新建起非常壮观的中国历史博物馆。8月18日即将开展前，工作人员发现摆设在场馆的西周青铜器"史孔和"被盗，立即报警。根据周恩来总理批示，由公安部、北京市文物局、北京市公安局和中国历史博物馆组成了联合专案组，领导派我参加该文物被盗案侦查工作。经现场勘查及随后的深入调查，确定博物馆几名保管人员有重大嫌疑。历经一年多的内查外调，终于发现了被盗文物的下落，最终破案。

1960年3月，发生一起模仿周恩来总理批示，诈骗中国人民银行总行20万元案件。因犯罪分子是骑自行车到民族饭店接收巨款，案发后我会同派出所负责在周边做了大量细致的调查工作，连续几天走访了多条街道和胡同，排除了社会上人员作案的可能性。公安部和北京市公安局成立专案组，根据作案特点，判定犯罪分子熟悉内部情况，很可能是内部人员作案。经过公布案情、发动群众和对模仿周总理批示笔迹及使用的纸张来源进行鉴定查证，很快发现对外贸易部进口局的王倬（国民党三青团员、青帮分子，曾在国民党北平市党部特刑庭看守所任收发会计，1949年混入革命队伍）有重大作案嫌疑。

王倬化名赵全一，3月18日自称是受国务院办公厅委派给中国人民银行总行行长送急件，银行接待人员见信封内有周总理批示的西藏宗教事务部报告，上写："今晚九时西藏活佛举行讲经会，为拨款修缮寺庙，请人民银行立即拨给现款二十万元(要拾元票面，每捆要包装好看一点儿)，限当晚七时必送到民族饭店，面交赵全一。"骗到巨款，王倬当晚用自行车驮回家中。几天后，人民银行总行领导回到北京后经核实发现是被诈骗。在对王倬逮捕搜查其住家时，发现屋内生有煤球火炉，有烧毁赃款的痕迹，又见其母穿着厚厚的棉衣棉裤，眼睛不时瞟向院里厕所。经搜查，在厕所墙外挖出了一捆捆

王倬被捕

拾元票面现款，又从其母穿的棉衣棉裤里搜出一部分拾元票面现款，合计 191000 多元，赃证俱全，全案告破。

　　参加破获这几起大要案，使我增长了不少知识，学会如何从掌握证据调查研究入手，侦破复杂又艰巨的案件。更加认识到专门工作与群众路线相结合的重要性，也提高了侦查工作与专业技术相结合的认识，此后我非常重视刑事技术科研建设。

　　当年，为破获一起阿拉伯人冒充教授诈骗案，我还被派到西苑外国专家宾馆（现在的友谊宾馆）卧底化装侦查。我临时跟服务员学了几句外语，就与宾馆服务人员一起，每天借整理客房、擦楼道搞卫生的时机，观察嫌疑人在室内的活动，发现可疑情况，如对外打电话、情绪变化、来访客人等，及时与外线侦查员联系。经过三个多月的化装侦查，与外线侦查配合，终于掌握了犯罪嫌

疑人的犯罪证据，破获了此案，将犯罪分子驱逐出境。

◆ 独挑大梁破难案

20 世纪五六十年代，北京的很多大案发生在远郊区县，特别是拦路抢劫、强奸杀人和报复性放火、投毒等恶性案件时有发生。那时交通条件很差，出现场、下乡调查案子都靠骑自行车，带上铺盖卷儿，住在老乡家里。当时，下乡工作实行"三同"（与农民同吃、同住、同劳动），依靠群众走访调查、发现破案线索、寻找破案证据。一去就是半个月、一个月，遇到疑难案件甚至要几个月，不破案不能回来。农村家族关系很浓，调查走访困难很多，为查证嫌疑线索，我们经常同农民一起上山砍柴，替大爷大妈背柴下山，通过拉家常发现破案线索。这也是下乡破案依靠发动群众的好经验。

1963 年 6 月，房山县交道镇野外发生了一起在玉米地里强奸杀害七岁小女孩儿案。现场被破坏严重，踩倒一片玉米秸，没有取到犯罪分子的足迹，也没有目击者，只能从发案时间上调查可疑线索。这是我当侦查组长后，初次遇到的重大恶性疑难案件。

交道是一个镇，几条街居住人口众多，发动群众提供破案线索任务很艰巨。我带领侦破小组与房山县公安局刑警队一起准备打持久战。我决心依靠发动群众破案。在镇领导和党团组织的大力协助下，逐街逐户进行多次走访调查。经过几个月的摸查和对可疑线索的细致查证，确定当日与小女孩儿同一个方向出村打猪草的本村农民郭某有重大作案嫌疑，在发案时间，只有他去过现场附近打猪草，携带的镰刀也符合作案凶器。但在调查中，郭某一直说没有去过现场附近，也没有看见过被强奸杀害的小女孩儿（因小女孩儿也是出来打猪草的）。为从作案时间上和他出入村行走路线上查对他作案的证据，我们以现场为中心，用步伐进行测量，又通过走访群众调查，证明他出入村打猪草行走路线必通过案发现场，确认他怎么走也逃避不了现场。

经过反复调查和多次现场实验，我们准确掌握郭某逃避现场的事实。在拘传审讯中，郭仍回避现场，和我们兜圈子。预审员审不下去，就要放人。我急了，找到负责预审的副处长苗瑞卿，当面向他汇报案情。开始他也不想听，在我再三要求下他终于点头了。当我说到小女孩儿被杀害惨状和犯罪嫌疑人如何狡猾时，他很专心听了，并反问了我几个问题，我都答上来了。苗瑞卿副处长是从山东老区调来的干部，有丰富的实际工作经验，遇到疑难案件讲究实地调查。他让我陪同他去房山看了现场，又找了群众座谈，决定亲自主审这个案子。郭某见换了年岁大的预审员，审讯很严厉，像是大官儿，心里犯嘀咕。苗瑞卿副处长见他回答问题犹豫，突然质问他："你敢乱说！你说你没有经过现场，难道你是插翅飞过去的吗？"这一问，郭某一时无法辩驳，也无法自圆其说，当即供认了强奸杀害小女孩儿的全部犯罪事实。

案件告破，我流下了眼泪。一个七岁小女孩惨遭强奸杀害，如果这个案子破不了，不能为社会除害，我心难安，也无法向被害人家属和当地群众交代啊！

　　事后，我很感激苗瑞卿副处长，他虽然脾气大，预审员都怕他，但他作为一个老党员、老公安，坚持依法办案，严格把关是对的。预审是侦查的继续，重现场、重证据、重调查研究，不轻信口供，不放走一个坏人，不冤枉一个好人是他的一贯作风，使我受到很大教育。

与良师王少华（左）一起回顾刑侦工作

◆ 破大案引路人

我学习破大案是跟着老科长王少华练的。王少华在"文革"前当了十年大案科科长，我跟着他当了十年大案组组长，经历了各种大案、难案的调查侦破，苦练了十年基本功。他是我的良师益友。王少华同志是从延安老区调来的干部，对党忠诚，为人厚道，工作严谨敬业。我最佩服他工作严谨，破案讲调查研究，注重现场勘查、注重证据，不空谈，不简单推理。我跟着他学，挂在嘴上最多的一句话就是"不见兔子不撒鹰"。这既是王少华同志的工作作风，也是我们之间的默契，后来成了刑警的作风。他的另一个特点是敢放手，大胆培养使用干部，交代破案任务很简单，现场勘查指出方向让你去发挥，有了偏差他承担。他常说"破案不要怕栽跟头"，从教训中找经验。我也常说，破了案总结时不能"一好遮百丑"，要从教训上找问题。后来，这也成了刑警的警句！但他不会关心人，只要案子来了，不管你辛不辛苦都得去，连句安慰话、鼓励话都没有。有一次，他问我二十几岁了，我当时已经三十多岁了。我猛然感觉到他对我多大岁数都不知道，这才意识到他从来没有问过我家里情况，有什么困难啊，等等。但即使这样，我也从来没有抱怨，一直跟着他干。

记得有一年大年初一，海淀木樨地发生了一起杀人抢劫案，现场调查确定是河北省白洋淀的人作案，要迅速赶赴白洋淀抓捕嫌疑人。临行前，王少华同志对我和几名侦查员说了一句话，"人家过年都回家，我们过年还得往外跑，你们辛苦了"。这是我第一次听到他说的一句温暖话，我很感动。除了王少华同志，当时的副科长朱峰（解放前从事地下工作），对侦查破案很有研究，工作细致耐心，为人耿直善良，也是我的良师益友，我从他身上也学到了优良作风。没想到王少华同志刚刚被提为副处长，"文化大革命"就开始了，他和朱峰都受到迫害，被隔离审查。

四 ◇ 坚守

◆ 坚持斗争

1965 年 9 月，领导为了培养我，派我到顺义县李遂公社参加"市委四清工作队"（彭真、刘仁同志的试点）一年，指派我担任一个生产队的工作组长。刘仁同志管得很严，要求我们工作队必须把生产搞上去，改变农村面貌，白天要同社员一起下地劳动，抓生产，晚上要召开社员会进行社会主义教育。那一年，我同贫下中农和青年社员一起学习、一起下地劳动，建立了深厚的感情。

1966 年，"文化大革命"开始。彭真、刘仁被"打倒"，市局老局长邢相生等人也被打成"黑帮"关进牢房，我们"四清"工作队全部被拉到顺义党校"肃清流毒"，批判"唯生产论"。当时，我认为抓革命促生产是对的，没有什么可批判的，没有发言。后来我被调回已被军管的市公安局接受批判。那时还允许我工作，

"四清"时期去韶山毛主席故居参观

我坚守岗位，不忘初心，带领破案小组先后到通县、房山、顺义、怀柔、密云等地区，查清和破获失火、中毒等案件多起。当时讲阶级斗争，一发生失火、中毒案件，人们就认为是阶级斗争新动向。因为农村生产队使用农药不当，经常发生误毒。所以我很注意区别案情性质，注重调查证据，不伤害无辜群众。

1967年夏天，北京京剧院在护国寺剧场存放道具的小楼发生一起爆炸起火案，军代表派我带人破案。经会同消防人员现场勘查，认定是因天气炎热干燥，道具小楼里放有剩余的鞭炮自燃引起爆炸起火。江青等人却将此案定为反革命现行破坏案件，要求必须挖出后台，军代表也督促抓人。我和破案小组坚持依法办案，认为没有证据不能乱抓人。当时剧团正在排演革命现代京剧《红灯记》，有一些老演员却被批判打入"劳改队"，阶级斗争形势很严峻。如果要挖后台，案件性质就变了。特别是如果我们一旦提出调查对象，对调查对象而言那将很危险。为了保护演员不受伤害，我们一直坚持是自燃爆炸起火。办案期间，我每天早起也跟着演员们一起吊嗓子，观看他们演练，与袁世海、刘长瑜等著名演员成为朋友，让他们安心排戏，保护了这些无辜的国家演员。经过几个月消磨拖延，军代表没办法，把我调回市局做检查，专案组撤销。由此，军代表对我更怀恨在心，准备给我办班审查。因为我不是科长不够级，便说我是"四清镀金"黑苗子，是黑帮爪牙，千方百计搜集我的材料，我心中无愧，坦然等待他们审查。

在造反派"砸烂公检法"的叫嚣下，北京市公安局成为重灾区，以老局长冯基平、邢相生为首，被打成"大特务""大叛徒"集团，科长以上干部都被打成"黑帮"，我们这些骨干分子也就成了"黑帮"爪牙。江青、谢富治等先是派人来北京市公安局夺权，后操纵政法学院造反派造公安局的反。市公安局也出现两大派造反组织。一时间，公安局大乱，公安工作受到严重破坏。后来，中央决定实行军管。"文化大革命"初期，我还在"四清"工作队，军管后，我回到工作岗位。因为我是被批判受审查对象，没有参加两大派造反组织。但是军代表要求我必须参加造反组织，我与十几个观点相同所谓保守的同志成立了"井冈山战斗队"，我说咱们上井冈山吧！当时我坚持自己的信念，认为党和国家不能没有公安保卫，公安机关是人民民主专政的"刀把子"，不能乱，更不能取消，要坚持坚守。因为我在民警中有一定影响，军代表见我态度没有转变，不肯揭发所谓"黑帮"罪行，再次准备给我办班审查，发动造反派给我贴出大字报，对我进行批判。

◆ 临危受命

　　1968年4月3日傍晚18时45分，北京西单商场发生一起特大爆炸案，当场炸死五人，重伤九人，受伤一百余人。当时正值下班时间，很多行人被爆炸冲击波击碎的玻璃片扎伤。商场内柜台被冲倒，门前顾客被冲出十几米远，有的当场被炸死，有的面部、眼睛被崩伤，现场惨状十分惊人。这在当时是一起惊天大案。周恩来总理指示："公安机关要尽快破案。"当时，王少华和朱峰同志已经被隔离审查，我也正在受批判。军代表让我负责破案，我临危受命，那一刻想到的是困难之时，为了党和人民就要勇于担当。

经现场勘查，认定是凶犯携带炸药自杀式爆炸，他的一条大腿被

北京西单商场

炸飞到门框上。为查清案情，我带领侦查员与刑事技术科研所的法医、痕迹检验员，对现场遗留物进行细致查找，从凶犯被炸碎的棉衣、鞋子碎片中寻找证据和线索。我们还走访了北京承做衣服的裁缝店，访问了一些老师傅和制作服装的专家。最后，从棉布、棉花产地、缝制衣服、鞋子特征等方面线索，确定凶犯来自辽宁地区。

当时，正是"文化大革命"大串联时期，各地公安机关都已经遭到严重破坏，老公安不多了，开展侦查破案工作很困难。我带领两名侦查员赶赴辽宁省，经过一个多月爬山越岭走了多个山区，在当地老公安的协助下，几经周折，终于在辽宁省喀佐自治县查到了凶犯的老家，查清了凶犯因对社会不满，携带自制炸药链而走险，来到北京西单商场引爆自杀。此案迅速侦破，既让中央领导放心，也让老百姓有了安全感。

破案回来，军代表找我说，"本来要给你办班，对你进行审查，看你破案有功，就决定让你下放劳动。"我当时挥拳就喊"毛主席万岁"！我认为，让我下放劳动，是对我最大的奖赏。在"文革"

期间"砸烂公检法"的灰色背景下，此案的成功侦破，成了中国刑侦史上的一抹亮色。

◆ 下放劳动

1968 年 11 月，我同广大下放民警一起，被下放到军管会天堂河 104 农场，同劳教人员一起劳动改造。可气的是，农场军代表让劳教人员列队欢迎我们。我被下放劳动后，农场军代表仍不放过我，继续组织批判我。一天收工后，突然召开全连大会，组织批斗我，说我是"五一六"分子。我不知道"五一六"是什么组织，也不是造反派，当然驳斥。我说："没有毛主席就没有我。我十几年赤胆忠心忘我工作，何罪之有？"后来又说我是"保皇派"，是"黑帮"爪牙。我不服气，就连续被批判。他们还在我的床头墙上贴出了三条标语：

张良基必须低头认罪！

坦白从宽抗拒从严！

顽固到底死路一条！

军代表逼着我写检查，不让我睡觉，我只能坐在马扎儿上打瞌睡，跟他们耗时间。当时我脑子里想的还是将来如何做好公安工作，对他们的批判没有多想，我相信党、相信毛主席，也相信我自己。后来他们对我采取突然袭击。一天正在吃饭，我刚刚端起饭碗，就听军代表叫："张良基！你什么出身？""中农。""上中农还是下中农？""不上不下正宗中农！"军代表瞪了我一眼，

"文革"期间下放劳动

哼了一声。听说他们三次派人到我的老家调查，家乡的人传说我被打倒了。我没有职、没有权，打倒我什么？！"九一三"事件发生后，军代表突然改变态度，让我当下放干部的排长、连长，我不干，他们让农场老场长追着我做工作。我想一个共产党员不管在哪里，干什么，都要想着人民，种田栽树也是为人民，我就拼命地干活儿。同我一起下放的战友也都了解我，知道我是个硬汉子，愿意跟着我一起干。我们在大冬天顶风沙战严寒，赤脚站在冰雪上，挖河泥修水渠。夏天和春秋，穿着裤衩，光着膀子，在沙地里抡大镐、推小车，开辟原野，种田栽树。在荒滩上开出了一片片苹果园、葡萄园和花生、西瓜地。一晃四年过去了，在下放劳动期间，我的身体也得到了锻炼。过去成天想着破案导致长期失眠，有时头痛得睡不着觉，用脑袋撞墙。现在好了，能吃能睡能干，身体更加强壮了。

刚下放时，军代表曾放出风说，你们别想再进城了，"墙上挂门帘——没门儿"，准备发配到边疆吧。有的下放同志想得多，顾虑孩子、老婆都在北京怎么办？我就劝大家说，不要听他们胡说，要相信党，相信毛主席，首都和全国公安工作离不开我们这些老公安，就是去边疆我们也不怕，到哪儿，我们也是党的忠诚战士！

"历尽苦难痴心不改"，我为自己立下誓言，要为党的事业奋斗终生！

五 ◇ 返岗征程

◆ 消除"文化大革命"造成的危害

1972年国庆节后，天安门广场发生了群众挖花事件。摆放在天安门广场的两万多盆花卉,仅一个多小时时间,全部被群众挖走。根据周恩来总理指示，被下放劳动的大批民警和被审查的领导大都陆续回到工作岗位。刘汉臣老局长和王少华、朱峰等同志也恢复原职。当年12月，我送走了每个下放劳动的战友，最后一个回到工作岗位，大家说我是看守连长，把别人都送走了自己才走。

当时讲"三结合"，由军代表、老公安、造反派组成各级领导班子。我对军代表扬言"我们是来改造公安局"的说法有意见，很反感，一时不想回公安局了。

老局长刘汉臣("文革"前担任过三处处长，后提为市局副局长)把我找到他家里，语重心长地对我说，没有你们破案，我怎么当局长。又说，我们是共产党员，要以党的利益为重。我问老局长，你们虽然回到领导工作岗位，但还是军代表说了算，以后会不会再整你们。他说，已经挨过整了，不怕了。

1974年，"四人帮"果然又搞了"批林批孔"运动，从周总理到老干部，很多人又被整了一次。在这样的形势下，是周恩来总理为公安民警说了话，撑了腰，为恢复和发展党的公安工作起了重要作用。我下定决心继续战斗。但我离开工作岗位已经多年，环境改变了，十三处改为五大队，一下子很难适应。开始我还是当组长，后来提为副队长。但由于军管会代表还在，工作上还要受他们控制，导致我没有工作热情，也没有工作动力。

1976年10月，党中央一举粉碎"四人帮"。1977年1月，撤销军管会，免去军管会主任刘传新的职务，令其交代问题，接受审查。全局广大民警对刘传新迫害公安民警的罪行恨之入骨，要求追讨他的罪行。同年5月19日，刘传新在家中畏罪上吊自杀。当时市革委会领导怀疑是他杀，王少华副处长带我和刑侦技术人员勘查现场。为查清刘传新上吊自杀用的绳子来源，派我带人赴无锡刘传新原在部队调查，经查证，刘传新上吊的绳子就是他在部队晒衣服用的绳子，证明他是自杀。同时，在调查中还发现刘传新曾给江青寄过信，说明他早就是"四人帮"的爪牙。

1977年7月，中共北京市委任命刘坚夫为市公安局党委书记、局长。9月，蒙冤入狱七年饱受打击迫害的老局长邢相生终于被平反，担任副局长，后先后改任第一副局长、常务副局长。在市局新一届党委的领导下，为给老干部平反昭雪，清除"文革"造成的危害，恢复公安工作正常秩序，成立了"市局清查办公室"，调我到清查办专案组工作了三年。我为受迫害的老干部平反昭雪，清除"文革"造成的危害，尽心尽力，作出了自己的贡献，被评为先进工作者。

◆ 保护改革开放组建专业队伍

1978 年 12 月，以党的十一届三中全会为标志，我国开始实行对内改革、对外开放的政策，进入了一个崭新的历史发展时期。可是，"文革"十年及其以后的一段时间，社会上滋生了不少"打砸抢"分子，造成社会混乱，特别是大中城市刑事犯罪活动猖獗，青少年犯罪成为一个突出的社会问题。针对这种状况，中央提出大力整顿城市治安，在全国开展统一打击和综合治理行动。为加大打击力度、壮大打击声势、加强威慑，邓小平同志最先提出"严厉打击严重刑事犯罪活动"建议。1983 年 8 月 25 日，中共中央发出《关于严厉打击严重刑事犯罪活动的决定》，在全国开展了为期三年的"严打"斗争。

20 世纪 80 年代初，随着改革开放的逐步实施，外国资本、外国商人、外国游客及外国留学生逐渐进入了国门，而一些涉外饭店、旅游场所、学校等外国人比较集中的地方，频频发生外国人被伤害、被抢、被盗、被骗等涉外案件。

为了保障我国现代化和改革开放顺利进行，整顿涉外场所秩序，打击涉外犯罪，1981 年 3 月，市局决定成立涉外案件侦查队，派我负责组建，并担任队长。

我和我的队员们一下子由土变洋，工作环境从下农村到进入各大高级饭店，开始很不习惯。一是进门难，穿便服进饭店不能走正门，只能走旁门和后门；二是说话难，要有翻译才能与外国人交流；三是调查难，一些初来中国的游客，对中国很陌生，往往记不清是在饭店还是在乘车旅游的地方丢失或被窃物品；四是破案难，找不到证据没法儿认定，不好破案。有时外国人也虚报假案，明明自己放错了地方，也说是被盗窃。每一起案子要经过反复询问和查对，才能搞清楚。

当时队员多是新招的社会青年，学历普遍不高，又缺乏专业知识。随着中外合资饭店不断增多，旅游景区开放，涉外侦查队伍由三十多人发展到八十多人（女生有二十多人），培训任务很重。我想，我带一帮孩子，虽然压力很大，困难很多，只要用心严格培训，这帮孩子一定会有出息。为了提高全队的外语水平，市局先后招进了十几名懂各国语言的大学生。我每天除了组织队员学习几门外语，还要培训公安业务和涉外办案知识。当时，培训条件很艰苦，没有专门的培训场地，把宿舍当教室，因住宿拥挤，队员们每天坐在马扎儿上，用床铺当桌子，听讲课，做笔录。后来，又通过到各大饭店和旅游场所跟着旅游团和服务人员学习，逐渐克服了语言障碍，也很快熟悉了外国游客的生活习惯，对各大饭店旅游场所及留学生所在院校人员情况也有所了解。我提出要依靠各单位保卫组织，协助建立安全保卫制度；依靠发动服务员中的积极分子，开展预防和侦查破案工作。同时，我要求队员严格遵守外事纪律，与外事管理部门密切配合，到各大饭店办案不准吃客饭，只能跟服务员一起吃工作餐，如同当年下乡与社员"三同"一样。

经过两年多的努力，各大饭店、旅游场所和相关院校治安秩序得到稳定，我们破获了一大批涉外刑事和治安案件，特别是入境信用卡犯罪和旅行支票犯罪案件。1983 年至 1984 年，又连续侦破了多起泰国跨国贩运毒品案，斩断了域外毒枭经北京的运输线，这是北京侦破国际刑事案件的开始。在这些过程中，我们也逐渐积累了办案经验，增强了队伍实力。

随着我国改革开放不断深化，外事活动剧增，旅游业迅猛发展，一批有名的中外合资涉外饭店，如建国饭店、长城饭店、国贸大厦相继建起，成为来访外国元首和高级官员涉足的重要场所，保障外宾和游客安全任务更加艰巨。当时长城饭店还未正式开业，时任美国总统里根来访，要在长城饭店举行晚宴，里根夫人还要举办舞会。有消息称，国外敌对势力要暗杀里根总统，警卫工作十分紧张。我带领全队人员密切配合，对饭店的内外加强警戒。为确保里根总统安全，我建议让里根总统进出饭店时走后门地下安全通道，得到了美方安保人员认可，从而顺利完成了安全保卫任务。我当局长之后，为了加强涉

长城饭店

45

外饭店管理，把涉外案件侦查队改为涉外饭店管理处，成为北京旅游饭店安全保卫的一支主要力量，配合有关部门完成了多次外事安全保卫任务。1996 年，饭店管理处民警在破获鹿宪州抢劫银行运钞车案件中，通过严密布置，"以车找人"，在长城饭店发现鹿宪州，为该案的侦破作出了贡献。

◆ 推动刑侦工作转型升级

我重返工作岗位十年后，是北京公安工作的迅猛发展期，也是刑侦工作加速上升期。1984 年 7 月，市局正式成立刑事侦察处（二处），刑警形成了独立的战斗体系。王少华任第一任刑侦处处长。我于 1985 年 1 月任刑侦处副处长，1987 年 4 月接任处长。

之后一段时间，正是中国社会的剧烈转型期，从计划经济走向市场经济。我国改革开放迎来经济快速发展，国际交往日益频繁，社会财富进行着重新分配，各种利益集团进行着重新组合，各种思潮涌进并发生激烈碰撞，一些社会矛盾也在激化，出现了"失序失衡"现象。刑事犯罪的形势也随着大批流动人口进入城市，出现了巨大的变化，大案从农村转向城市，发案的数量、恶性的程度、作案的手段、破案的难度都大大增加了。许多新的暴力犯罪、恐怖活动及境内外带有黑社会性质的有组织犯罪等带来的挑战，摆在我和战友们的面前。

针对不断变化的治安形势，我大胆解放思想，讲究实战。在我当处长时就考虑过刑侦工作要改革，要适应改革开放新形势。

在郊区勘查现场，作者（右二）、王少华（左一）

我下决心改变老框框，改变封闭式办案模式。破案不能再在一个地区"划地为牢，就地抠饼"，要针对流窜犯罪不断增多的形势，组织全市刑警协同作战，什么犯罪突出，就集中打击什么。打中有防，防中有打。刑侦要形成拳头，把大而化之的东西变细，成立专业队伍，建立"快速反应"机制。针对暴力犯罪，我们首先在刑侦处组建了暴力案件侦查队（特警前身），发挥刑侦优势，以应对紧急突发事件。为加强专项打击力度，根据犯罪趋势变化，还先后成立了经济案件、盗抢机动车案件等专业队伍。为了实现科技强警，培养人才，提格扩充刑事技术科研所，引进培养了法医、痕迹、指纹、物证及枪弹爆炸物品检验等专业技术人才。后来，这些人很多成了专家、高级工程师。

1988 年我当处长时，曾受公安部刑侦局委托，组团赴德国威斯巴登刑事侦查局参加第九届国际排爆排燃专家工作会议，这是我第一次走出国门，开阔眼界。会上，我接触到很多新名词，什么鞋跟炸弹、人体炸弹、遥控炸弹，等等。我想这就是当时西方国家的现象，值得警惕。联想我国对外开放发展很快，也必将受到国际恐怖活动的影响，要有这方面的准备。在我的积极建议下，1988 年，我们从德国（西德）购买了一个现代化的"防爆球"，直到 2008 年奥运会还在使用。我在参观奥运反恐展览时，猛抬头看见了一个大防爆球，我高兴地叫道："老朋友，你是二十年前我从德国买来的，今天还在服役啊！"应该说，北京反恐防爆工作就是从那时开始的。

六 ◇ 担当重任

◆ 运用战术严打流窜犯罪

1985 年，我任刑侦处副处长时，犯罪形势更加复杂多变，特别是外来的流窜犯罪越来越严重，造成社会治安不稳定，刑侦工作面临着严峻挑战。当时，王少华处长已升任市局副局长并兼任处长，我作为刑侦处副处长必须敢于担当，我深感责任重大。实际上那时我已经担当全市刑侦工作，与各分县局刑警队建立了警察工作关系，大家齐心协力共同应对复杂多变的犯罪形势。

当年，外来流窜犯罪已经发展到成帮结伙在北京安营扎寨，结伙盗窃，公开抢劫杀人，有的甚至公开到工厂工地抢劫搬运机器配件。为逃避打击，犯罪分子作案手段也向恶性发展。本来是入室盗窃却杀人，偷了东西还放火，这种犯罪心态让人很难理解，如果仅就案情按常理分析是熟人作案，就会走偏，所以当时对破案的认识也要跟上犯罪情节的变化，敌变我变，不能再就案破案，打击犯罪要升级。也就是从这时起，我提出对付流窜犯要提高应变能力，动脑筋讲战术。我对同志们说，要把人脑变成电脑，用计算机（也就是现在说的大数据）重新排号，随时掌握敌情变化，集中力量打击严重犯罪。

发动基层很重要，我对各分县局领导和基层干部很熟悉，一直和他们打交道。我对他们也很尊敬，因为他们在第一线工作很辛苦，有实战经验，有很多值得学习的东西。在我当破案组长时，就开始与他们接触，很多大案我都到现场，既是指导也是学习，从他们身上学到了很多做群众工作的宝贵经验，互相配合得很默契，可以说是在同一个战壕里一起战斗过来的。我同他们交谈，提出不能再各扫门前雪，要转变观念，改变打法。他们很同意联手打击、集中力量打攻坚战。

当时本地人作案数量也在增加，特别是流氓伤害妇女案时有发生。有些案子很棘手，我曾组织有关县局刑警一起勘查现场，分析案情，联手破案。1987年，在顺义和怀柔之间的公路上，连续发生30多起犯罪分子骑自行车手持凶器专扎妇女案件，造成群众恐慌，刑警多次堵截也没有抓到作案人员。我组织顺义、怀柔及密云刑警联手侦破，根据犯罪分子来去方向、作案时间规律和行动轨迹，广泛收集证据。很快，在顺义石槽村抓到犯罪分子。

北京是流动人口最集中的城市，维护社会治安很重要。在全国统一"严打"行动后，北京始终没有停止"严打"行动。1987年2月，市局决定在全市开展一次清理打击外来流动人口违法犯

接任刑侦处长

罪统一行动。同年 4 月我接任处长。上任后我组织刑警打团伙，掏窝子，破获一批重大案件，引起市局领导重视，市局召开了全局刑侦、治安科队长会议，部署深挖犯罪窝子的专项斗争，取得显著成效。

但刑事犯罪有起有伏，外来流窜犯罪也是一批接一批。1989年平息"政治风波"后，随着改革开放发展，外来人口不断增多，城近郊区、复杂场所成了流窜犯罪团伙聚集藏身之地，成帮结伙犯罪剧增，大案不断发生，打不胜打，破不胜破。我分析流窜犯罪又有新的变化，利用分散作案转移我们视线。我提出流窜犯罪万变不离其宗，他们结伙作案手法没有变，我们要结合清理外来人口攻打他们的大本营，掏他们的老窝。像部队打仗一样攻打山头。1990年2月，根据市局决定，集中打击流窜犯罪活动，我经过深入调查，确定几个地区为重点，调动刑侦、治安在派出所密切配合下，重拳出击。通过打现行、掏窝点，首战取胜。紧接着，乘胜追击，在其他地区、场所展开行动，坚持什么突出就打击什么。抓获一批批流窜犯和长期盘踞北京的犯罪团伙，以及倒卖、制贩各种假票证和黄、赌、毒违法犯罪人员。特别是打掉了占山为王的恶霸黑势力。先后打掉犯罪团伙211个，端掉犯罪窝子28个，破获刑事案件2540起，其中大案846起。为防范边打边冒、打后反弹，坚持边打击边治理，清理了一大批窝点。同时，清理整顿了一些劳务市场和旅店、出租房屋，坚持打、防、建多管齐下。这次掏窝子打团伙全面出击，取得重大成效，有力配合了综合治理，巩固了"严打"成果，受到时任中央政法委书记乔石的充分肯定和表扬。很多地方来京交流学习。后来广东地区又出现流窜犯罪活动，很严重，广州市公安局特邀苏仲祥局长和我前往交流经验。

　　根据调查，几年间，全市查获的违法犯罪人员中，外来人员已占百分之六十多，繁华地区已上升到百分之九十以上。这些人员把城乡接合部租住的私人房屋、包租的小旅店，甚至长期空置无人管理的废旧厂房、工棚、地下防空洞作为落脚藏身之地。他

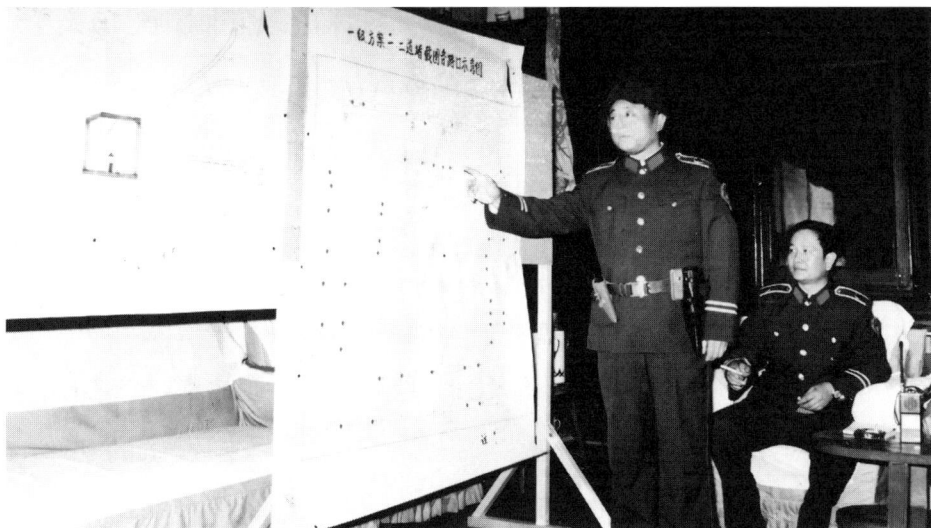

在刑侦处指挥部署防暴演习

们长期盘踞，无法无天、胆大妄为，搅得老百姓不得安宁。很多住户都安装了铁门、铁窗、铁栅栏，我心里很不是滋味。1990年5月，我被任命为市局副局长，既管刑侦又管治安。为了保护改革开放发展成果，整治社会治安，针对流窜犯罪起伏，多次组织刑侦、治安严厉打击，稳定了社会秩序。广大参战民警在几年里付出很多心血，守护了百姓安宁。1990年至1991年，市局刑侦处反暴队针对部分地区流氓团伙大肆实施暴力犯罪的情况，通过"打团伙""掏窝子"，连破多起购买枪支弹药、公开绑架杀人、贩卖毒品案件，有力遏制了流窜犯罪活动。

后来，我们又发现外来一批流窜"扒手"犯罪团伙，号称"蝗虫"，在公共电汽车上和繁华场所，成帮结伙，身带刀具进行扒窃活动，给群众造成很大危害。市局及时组织反扒队严厉打击，采取"打现行"与"掏窝子"相结合的手段,20天打掉扒窃犯罪团伙40余个,抓获扒手400多名,破获刑事案件46起。

◆ 冒险处置"炸弹"风波

1990年9月,北京举办第十一届"亚运会",这是北京首次举办国际性重大体育赛事,建起了规模庞大的亚运村。参加运动会的各国运动员很多,政治气氛很浓,当时,我国发生的"政治风波"刚刚平息,一些外国运动员对中国的真实情况并不了解,抱有各种看法,境内外敌对势力也企图把破坏亚运会作为向社会主义中国示威的机会。有些运动员受西方影响和反动宣传,带着种种偏见、甚至有意曲解和恶意攻击,扬言搞破坏的信息纷纷飞来,保证各比赛场馆的安全成为我们的首要任务。

我当时刚当副局长,还兼任刑侦处长,与王少华副局长分工负责反暴防爆工作。我带领大家在没有现成经验可供借鉴的情况下,反复研究,制定各种防范处置方案,全力确保亚运会安全。就在游泳比赛前一天,我的一次极其冒险的行动,使我永生难忘。当时,收到消息称,英东游泳馆吉祥物"盼盼"里有炸弹,我们当即通知排爆人员前来安检。因时间紧急,在排爆人员未到之时,我让警犬下去嗅探。游泳馆水面热气高,警犬不下去。情急之下,为证实情况真伪,我纵身跃下看台,仔细察看吉祥物"盼盼",轻压可能藏有炸弹的部位。经过冒险触及吉祥物,我判断"炸场馆"信息是假的,虚惊一场。后来,排爆人员证实了我的判断。

当时负责安保工作的市委领导大声喊我："张良基，你不要命了！"虽然被领导批评，但亲身探险及时解除了警情，让我心里踏实了。

◆ 维护合资饭店发展稳定

1991年3月，正值合资涉外饭店兴起，某涉外合资饭店写字楼发生一起杀人案，住客卫益行商贸部首席顾问丛某某被杀害抛尸，案情性质极为恶劣，影响极坏。我带领侦查员，从现场勘查，寻踪追凶，追到山海关外抛尸地点，又追到大连市丛某某家。经调查，丛某某在大连曾因经济问题被收审，来到北京，伙同商贸部财务总监等人，采取行贿手段，骗取银行大量贷款。因分赃不均发生内部矛盾，财务总监杀人灭口。

这起案件对当时的涉外合资饭店影响极大，从一个侧面也反映出，涉外合资饭店内部管理存在严重问题。当时，有的合资饭店外方总经理特别是美国人很气盛，不遵守中国法律法规，不遵守饭店规章制度，忽视饭店治安秩序。由于某些饭店管理不严，出入客人混杂，多次发生旅客手提包、钱包被窃，流氓团伙混入游乐场所打架斗殴，甚至发生混入客房杀人案件。卫益行杀人抛尸案就是那个财务总监收买广州市公安局通缉的诈骗犯和劳教释放人员合谋干的。为加强涉外合资饭店的治安管理，维护涉外合资饭店的发展稳定，我提出采取约谈方式进行安全教育，将发生凶杀案和治安问题较多的两家饭店外方总经理正式约到市局外国

研究制定涉外饭店管理规定

人管理出入境管理处谈话，向他们讲解中国的法律法规和治安管理条例，指出他们饭店存在的严重安全问题，并形成书面文字，要求他们，在中国做生意，必须遵守中国的法律法规和治安管理条例，服从中国政府管理，并提出几条改正要求，限期立即改正。我对他们的约谈很严肃，明确告知他们"在中国做生意不能气盛"，打掉了他们在中国自以为是的嚣张气焰。他们也向中国政府官员郑重承诺，表示接受提出的改正要求，回去主动找中方经理商量，提前完成了各项改正要求，并亲自请我们去验收。这一举动，对其他涉外饭店外方经理都有很大警醒作用，长城饭店外方总经理亲自同员工一起打扫客房，员工下班晚了，他派车送回家，反映非常好。也就是从那时起，涉外饭店管理逐步走上正轨，维护了涉外合资饭店发展稳定。

在抓好涉外饭店治安管理的同时，针对外方管理人员对中国员工很苛刻，像解放前资本家一样，随意开除惩罚，给中国员工的工资待遇很低，还不管饭，而他们拿着高薪，带着夫人孩子住在饭店高间，一切开销都由饭店支付的现象，中国员工反映很强烈。我指出，"开饭店的不管员工吃饭，这是饭店最大的不安全"。我多次向几家饭店中方经理提出，要向外方经理讲清楚这个问题的严重性，让他们积极向饭店行业协会呼吁，解决员工吃饭问题，警示他们，如果不解决，将会导致饭店不稳定。经过多方努力，在石家庄召开的饭店行业协会上，通过了帮助中国员工解决吃饭问题的提案。

为了管好涉外合资饭店治安，我始终坚持从严治警，要求民警到涉外饭店开展工作时：一要尊重中外方经理，不准吃客饭；二要注意保护中国员工的利益不受侵犯。通过严格管理，既树立了首都人民警察的良好形象，也让我们在管理涉外饭店时腰杆更硬、底气更足。

◆ 光荣授衔不忘初心使命

1992年，党中央和国务院决定实行人民警察警衔制度，颁布《人民警察警衔条例》，随后又颁布《人民警察法》。公安队伍正规化建设进入新的历史阶段，警察职业有了法律保障，这是党和人民对人民警察所作贡献的肯定，也是给予人民警察的崇高荣誉。

　　1992 年 12 月 12 日，国务院授予人民警察警衔仪式在人民大会堂隆重举行。这是首次向全国二级警监警衔以上的高级警官授衔。国务院总理李鹏为参加授衔仪式的 51 名警官颁发了授予警衔命令书。我当时是副局长，被评为二级警监，感到非常光荣。这是我人生中又一次重大事件，使我更加坚定献身公安事业的决心，不管担子多重，付出多大牺牲，我都心甘情愿。当时，北京大要案多发，破案任务很重，我作为分管刑侦和治安的副局长感到工作担子越来越重，常常顾不上回家，一有重大案件，我就第一时间出现在案发现场，维护首都安全是我的使命。

　　1993 年 5 月 8 日，全局民警都被光荣授予警衔，展示了人民

国务院首次授予人民警察警衔仪式

警察的本色和为人民服务的崇高荣誉，全体民警将为保卫国家、保卫首都北京安全作出新的更大的贡献！

◆ 勇挑重担连破系列大案

1993 年至 1994 年，全国各地社会治安又出现不好苗头，一些在 1983 年"严打"期间被判重刑的劳改人员，陆续被放出来，他们有的恶性不改，报复社会，疯狂作案、作大案。一些受过打击处理的人也随之蠢蠢欲动，造成社会不安宁。当时，我是党委副书记、副局长。苏仲祥局长因患病，长时间不能上班，全市发生的重大治安事件和特大刑事案件我都要担当。在此期间，我曾组织指挥破获社会媒体和中央高度关注的有名大要案十几起。

中俄国际列车大劫案

1993 年 3 月至 5 月，北京开往莫斯科 K3 次国际列车上，多次发生一伙国内车匪路霸公开抢劫、强奸中国旅客的特大案件，在国际上造成很坏的影响。中央领导批示，要严厉打击、迅速破案。

由于铁路公安机关去莫斯科调查抓人，莫斯科警方不予配合，公安部要求北京市公安局会同铁道部公安局破案，并委派我去莫斯科，与莫斯科警方协商配合破案。

当时苏联刚刚解体，我国警方赴莫斯科开展执法工作很困难。我之前曾去莫斯科协助中国大使馆处理中国市场被洗劫的事件，与莫斯科警方建立过联系。

前往莫斯科侦破国际列车案

　　为去莫斯科执行破案任务，我以北京市公安局治安代表团团长身份，带领负责刑侦、治安的主要领导姜良栋、王殿栋、李瑞清等人，会同铁道部公安局长程亚力、北京铁路公安处长姜战林等一起赶赴莫斯科。我向莫斯科警方说明破获此案对维护两地安全的重要性，并指出主要案犯都逃往莫斯科，对两地造成很大危害，必须立即抓捕归案。经过反复协商，抓捕任务得到莫斯科警方协助配合。我立即组织力量会同铁路公安局，在莫斯科和国内展开抓捕行动。经持续战斗，很快将这伙车匪路霸一网打尽，为开往莫斯科的 K3 次国际列车安全行使提供了保障。

沈太福非法集资十亿元大案

1993年3月31日，我带领侦查员赶到首都机场，将即将外逃的沈太福抓获，破获全国闻名的"沈太福非法集资十亿元大案"。

沈太福原系吉林省吉林市经委干部，后下海办公司，因私自发行股票集资1500万元被冻结、取缔。1986年，沈太福带着所谓专利，到北京市海淀区工商局，注册成立了长城机电技术开发公司（简称长城公司）。从事科技开发失败后，1992年6月，自称是长城公司总裁的沈太福以签署"技术开发合同"形式，假冒国家科委批文，以高额利息、高投资回报为手段，收买官员、记者，大肆宣传，骗取了一些不明真相的人们为他大量投资，严重扰乱了金融秩序，坑害老百姓。银行、工商、税务都对这一事件核查过、制止过，他都不予理睬。1993年3月6日，中国人民银行总行向全国发出了制止长城公司非法集资的通报，责令其停止集资，冻结其所有账户。嚣张的沈太福，当日召集200多名中外记者，非法召开新闻发布会，声称已到北京市中级法院，状告时任国务委员、中国人民银行行长李贵鲜。

中央领导对沈太福猖狂非法集资案十分重视，时任国务院副总理朱镕基指示北京市当采取措施坚决予以制止，不能让他继续破坏国家金融秩序。后发现沈太福有要逃走的迹象，为防止发生意外，我派经济案件侦查处处长张玉明带领侦查员对沈太福行踪进行观察监控。市长李其炎连夜召集相关部门主要领导参加紧急会议，研究如何阻止他外逃，由哪个部门出面。

十万火急，沈太福已经到了机场，李其炎市长非常焦急，直接问我怎么办。我当时是副局长，参与本案的侦办。我意识到这不是一般的经济案件，而是破坏国家金融秩序，坑害老百姓，严重影响首都安全稳定的特殊案件。我大胆接受任务，对李其炎市长说："我去机场处理，让海淀区工商局领导跟我去。"李其炎市长当即同意，让他的秘书送我上车。

我在去机场的路上立即打电话，让监视沈太福行踪的张玉明处长马上通知机场分局，查明沈太福购买机票用的是什么名字。回答是："用的假名字、假证件。"这下我心中有了底。在机场候机室，沈太福见我们走过来，抢先问："你们好像要检查我。你是海淀区工商局的吧，我们公司已经搬到朝阳区了，不归你管了。"沈太福又看到机场公安分局领导与我耳语，转身问我："你好像是公安局的，商业上的事你们也插手？"我严肃地对他说："维护公共安全是我们的职责，盘查可疑人员是法律赋予我们的权力。请问大名，拿出你的身份证。"当时沈太福愣住了，半晌才说："我用假身份证是怕被绑架，我在海南被绑架过。"我厉声喝斥道："你知道使用假身份证的后果吗？跟我们走一趟！"沈太福发疯似的大喊大叫："我是全国首富，有十亿元资产，你们能把我怎么办！"

在沈太福被拘留审查过程中，中央和市委领导很关注此案进展情况。我组织专案组，多方面开展调查。我想，沈太福的犯罪行为离不开他的司机和公司有关人员，于是，就通过他的司机，调查他去过哪些人家里送礼行贿。

后经工商局查明，沈太福和他妻子孙某某（长城公司财务部长）从非法集资中各挪用数百万元，通过原国家机电部机电装备司副司长林某某（后成为长城公司常务副总裁），买通国家科委某领导和两名记者。在贪官和不良媒体的炒作下，其非法集资行为更加具备欺骗性。二十天的时间里，沈太福在海口一次就非法集资了两千万元。

1994年2月，北京市中级人民法院依法判处沈太福死刑，剥夺政治权利终身，没收个人全部财产。后来，我被特邀参加了国务院召开的扩大会议，朱镕基副总理在会上对北京市公安局敢于担当，及时保护国家和人民利益的行为给予了高度评价。

跨国贩运毒品案

在我当副局长期间，因办案去过泰国曼谷，与泰国警方建立了友好往来关系。1994年首次与泰国警方联手，破获一起由泰国多名妇女组织的"水门队"跨国人体贩运毒品"海洛因"特大案件。泰国警方在曼谷机场发现这一跨国贩毒重大线索，立即通知我方截获。接到情报，我马上带领侦查员在首都机场张网以待，将贩运毒品的妇女全部抓获。经审讯，进一步扩大线索，查出泰国重要毒枭集团，后将全案交由泰国警方接回处理。这在当时与国外警方联手破案

1992年，任副局长期间访问泰国曼谷警方

还是首次。

南城流氓绑架案

1994 年 1 月，在宣武区万明路发生了一起绑架敲诈十万元的大案，被绑架的是一名商人。市局刑侦处和宣武分局刑警队经侦查确定，此案系南城有名的大流氓汉某某（绰号"汉鸭子"）纠集一伙流氓所为。在组织抓捕时，"汉鸭子"等四人负隅顽抗，公然开枪拒捕，打伤我方一名侦查员。侦查员们英勇自卫还击，当场将"汉鸭子"及其犯罪同伙柴某某击毙，其他两人击伤后被抓获。

此案发生之前，丰台分局一名民警在检查站堵截盗窃汽车嫌疑人时，一汽车司机不听检查，开车冲闯检查站，民警立即追击，开枪射击时，不料将司机打死，该民警被起诉判刑。为此，民警和当地群众反响很大，一度造成民警抓捕持枪犯罪分子时都不敢开枪。在击毙"汉鸭子"现场，我对侦查员们大呼一声："打得好，打得对！""正当防卫，我负责！"这既是一种"鼓励"，也是一种"释放"。

在我当副局长和局长的时候，多次在会上说，对于持枪负隅顽抗拒捕的犯罪分子，就要敢于开枪，不能等他先行凶杀人，你再开枪抓捕。当时有的人对我的观点有非议，但我始终坚持自己的观点，对待暴力犯罪必须先下手为强，这样才能保护群众和我们的民警。

破获这一案件后，为震慑犯罪，我当即请了北京电视台记者到现场拍照，采访报道，第二天电视台就播出流氓老大"汉鸭子"被击毙的消息。老百姓都拍手称快。群众反映，过去看到的都是老百姓和民警怎么受伤害，今天看到犯罪分子开枪拒捕被民警当场击毙，真是解气。

抢劫枪杀出租汽车司机案

1994年6月1日凌晨4时，在通县北关环岛，两名歹徒持枪劫持杀害首汽出租汽车司机，并开枪杀害上前阻止行凶杀人的我局帅府园交通中队民警王瑞立（被追认为烈士）。接到报案，我

现场指导抓捕工作

立即赶赴现场，所见情景令我痛恨至极！当确定两名歹徒驾车向秦皇岛方向逃窜后，我当即带领暴力案件侦查队追捕，途中我直接打电话报告并请求公安部请秦皇岛市公安局协助堵截。秦皇岛市公安局领导非常重视，派出警力多处设卡堵截。歹徒刘某某、于某某（均系劳改释放人员）在逃至秦皇岛市抚宁县时又抢劫汽车开枪伤人，被堵截民警在卢龙县城当场击伤抓获。现场缴获小口径长短枪两支，子弹60发。经追查枪支来源，连夜在天竺镇将两名同案犯抓获，起获小口径枪两支，自制猎枪一支，汽枪三支，子弹600发。当月还抓获被通缉在逃犯程某某，连破本市发生的四起抢劫杀害出租汽车司机案，追回被抢劫轿车六辆，严厉打击了抢劫出租汽车犯罪。

深宅大院盗窃案

1994年10月，在西城区与东城区相连的地区连续发生绰号"飞贼燕子李三"深夜翻墙跳入深宅大院盗窃贵重财物案件。社会上传说，这个"飞贼燕子李三"能蹿房越脊，警察抓不着他。此人确实能蹿高，能在房上跑。一次，侦查员发现他在胡同里，就要追上了，他蹭地一下蹿上了三米多高的围墙，瞬间就翻了过去，侦查员虽然体力也不错，但没有他蹿得高，让他跑掉了。所谓的"飞贼燕子李三"名叫曹某某，是一名在逃犯，曾因流氓盗窃罪被判刑六年，在押送途中跳车逃跑。我查看了这附近的深宅大院，围墙高，胡同小。我和大家研究想出一招，设计"口袋阵"，在他作案出入口处选择易抓捕地形布下埋伏，两头扎住。经分析确定他再次作案可能出现的地方，利用这一招术，终于在出口处将他捉拿归案。

尾随小女孩儿入室强奸案

1994年10月，在宣武等几个地区连续发生专门尾随小女孩儿入室强奸案，造成当地群众恐慌，很多家长不敢出门上班。我得知后非常气愤，大骂禽兽，亲自到几处发案地区勘查路线地形。我提出扩大侦查范围，加强周边蹲守力量，并和侦查员们一起研究如何在复杂街道发现犯罪嫌疑人，以观察胸前挂有家门钥匙、单身行走的小女孩儿为导向，跟踪守护，注意发现嫌疑人，结果很快在宣武地区抓捕了犯罪分子，为当地群众除掉了一大害。案犯马某某是河北廊坊某单位停薪留职人员，流氓成性，先后骑偷来的自行车来北京作案六十余起，民愤极大，被法院判处死刑。在严厉打击流氓犯罪活动中，我组织打掉了一批流氓犯罪团伙。1994年10月，在昌平、石景山两地抓获了以劳改释放人员张某某为首的流氓团伙九人，破获杀人案四起，抢劫、伤害及盗窃案二十余起，为昌平等地区除掉了一大恶魔。

1993年至1994年确是大案高发期，我曾代表苏仲祥局长向上级写过"连破十大案报告"。在大案多发的情况下，我和刑警确实压力很大。但"压力出动力"，对刑侦工作推动也很大，让我们学会动脑子长智慧。我发现基层刑警都很聪明，一点就通。他们有实战经验，想出的办法多，特别是他们不怕困难、不怕失败。如破获尾随小女孩儿入室强奸案，他们习惯从表现上发现嫌疑人，但你点到从小女孩儿胸前挂有家门钥匙为导向，他们很快就有反应，办法也多了。这就是当刑警的特点！破获尾随小女孩儿入室强奸案件，有十几名侦查员被评为破案能手。

◆ 迅速平息突发暴力案件

1994 年 9 月 20 日，建国门立交桥发生一起突发暴力案件。驻通县某部队连长田明建，因殴打战士被处分，对领导不满，趁出早操持枪打死打伤团领导等人，后逃出部队大院劫持一辆出租汽车，用枪逼迫司机驶向市区。案发突然，令人震惊。田明建有很强的作战技能，围追堵截非常困难。当时正值早晨上班时间，马路上车多人多；市局又没有成立专业特警，也没有先进装备，各分局只有巡逻队，担当反暴任务。

消息传来时，田明建已经逃出部队多时，我感到事件的严重性，必须不惜一切代价立即追击堵截。在上报公安部、市委、中央的同时，我果断下令，命通县公安局副局长赵光带领巡逻反暴队和部队狙击手紧紧追赶，力求路上堵截，并调市局暴力案件侦查队和东城、朝阳、崇文分局巡逻反暴队赶赴建国门立交桥设伏堵截，让市局值班副局长王崇勋赶到现场指挥。当年，针对突发暴力案件如何处置还没有像今天这样有成熟的预案。在人车密集的交通要道，如何阻止持枪悍匪前往祖国的象征——天安门广场行凶，没有先例，没有预案。但保证天安门广场的绝对安全是首都公安的重大使命。我捏着一把汗，身负千斤重，紧张地布网，桥上桥下布满警力。我不时命令通县公安局巡逻反暴队和部队阻击手跨区加快追击，并果断下令如有反抗坚决击毙，绝不能让他冲进天安门广场。当时，被逼迫司机也担心开往天安门广场会出大事，他有意将车开至建国门立交桥下，趁堵车跳车逃跑。田明建下车追赶司机，并开枪乱杀无辜，当场开枪打死过路行人九人、伤数十人。面对大开杀戒、拒捕的悍匪，追赶上来的通县公安局巡逻反暴队员和部队狙击手当场将田明建击毙，并按市委、市政府领导指示迅速组织抢救伤员。

事态很快平息，避免了一场后果难测的危机，我局因此受到党中央和中央军委领导表扬。这一突发暴力事件引起党中央的高度重视，针对首都公安专业反暴队伍的建设，当天下午中央政法委和公安部有关领导听取我汇报北京市公安局编制和装备情况。我提出：北京市公安局缺编少钱装备差，甚至不如一些外地城市。一是至今没有建立信息化警务指挥中心；二是没有成立特警队；三是巡逻警力缺乏。这种状况很难适应维护首都安全的需要，尤其面对改革开放形势，开展工作非常困难。中央政法委领导首先表扬了首都公安民警不怕牺牲、不怕困难、勇敢战斗的精神；根据我的建议，当场研究确定这三项建设项目，为期三年完成。

为早日实现这三项建设任务，在我受命担任局长后，立即组织三个专门班子同步推进。一是以反暴防爆队为基础，经过训练，挑选出100名战斗力超强的队员，正式成立特警队。二是以治安大队警力为骨干扩招人员逐步建立3000－5000人的巡察执法总队。当时市里还没有城管，由成立的巡察执法总队代管，后来我坚持将巡察执法总队改为巡警总队，并加强各分县局巡逻力量和装备。三是建设指挥中心大楼。为建立适应首都公安发展的一流现代信息化警务指挥中心，我和领导班子齐心协力，想尽一切办法加快建设。我让主管后勤的副局长吕实珉和指挥中心主任尹燕京负责，请公安部和有关科技部门专家进行多次论证，并到几个省市参观学习，发动民警献计献策，局党委也多次讨论听取意见。我也多次向中央政法委和市委、公安部领导汇报三项建设进展情况，及时反映遇到的困难，并请求他们帮助解决。中央政法委书记任建新和副书记、国务委员罗干对三项建设都很关心，在成立特警队时，亲自与我们研究特警队名称，有人提出学香港和西方，叫什么飞虎队、狼虎队。我们都不同意，提出要立足中国国情。任建新同志提议还是叫人民警察特警队为好，老百姓容易接受。在建设指挥中心大楼过程中，罗干同志几次来市局视察。

经过三年努力，三项建设在 1997 年 12 月顺利完成。这是在特殊年代完成的特殊任务，使首都公安工作迈上了科技强警新台阶，成为首都公安史上创新发展新标志。"110 匪警电话"变成了"110 报警服务台"，建立了覆盖全市的空中预警、侦查、巡逻体系，极大地增强了警务指挥效能，提高了处突处警能力，对确保首都平安发挥了重要作用。同时，极大地方便了人民群众报警、求助，成为人民的守护神。

七 ◇ 接任局长

◆ 开创首都公安工作新局面

1994 年 9 月，市委决定前任公安局长苏仲祥同志退休。新的局长一时没有任命。其间发生了建国门桥突发暴力案件，我负责调动指挥警力迅速平息，当场将暴徒田明建击毙，消除了后患，保卫了首都安全。

"9·20" 建国门桥暴力案件发生后，首都的安全引起中央高度重视，首都公安不能一日无帅。中央组织部很快派工作组到北京市考核公安局长人选。经过广泛征求意见，最后提议让我接任局长。

工作组和市里几位领导鼓励我要不怕困难大胆工作，"中央相信你，大家拥护你，一定会干好"。1995 年 1 月，市第十届人大常委会第十五次会议正式任命我为北京市公安局长。

在我上任三个月后，北京发生了副市长"王宝森自杀事件"，

坚定信心，开创首都公安工作新局面

1995年4月5日，我接到市领导通知，说王宝森于4月4日傍晚出走，一天没有下落，让我带人查找。我根据王宝森司机提供的出走方向，带队连夜赶赴怀柔，在当地干部的配合下，于6日凌晨在怀柔崎峰茶一处山沟里找到王宝森自杀现场，当即报告市领导并保护现场，同时报告中央和公安部，请公安部副部长白景富和最高人民检察院领导一起组织现场勘查，使中央能在第一时间掌握案件发生情况。

王宝森自杀事件引起了不小的震动，一时间全国都很关注。非常时期维护首都稳定、保卫党中央安全至关重要，这是对我和全体首都民警在政治上的一次重大考验。稳定队伍、维护社会安定是当务之急。那时是我工作最困难的时候，我深知北京市公安局是在毛主席和党中央直接领导下，老一辈公安冒着巨大危险，付出巨大艰辛成立的，代代相传，有着光荣传统，广大民警对党对人民无限忠诚，绝不能在我们这一代出现任何问题。我心里想的是党，是首都全体民警的使命。

在中央政法委召开的紧急会议上，任建新、罗干同志让我汇报了北京的动态，并再三嘱咐"首都稳，则全国稳"，北京的形势是全国的"晴雨表"、"气象台"。我清醒地知道自己责任重大，要坚决维护党的权威，捍卫首都四万民警的荣誉，必须旗帜鲜明、立场坚定，坚决同党中央在政治上保持高度一致。

我立即召开全局会议，传达党中央、国务院紧急通知和中央政法委指示，教育全体民警在大是大非面前，要保持头脑清醒，要经得起考验。要团结起来，坚守岗位，宣传群众，掌握社会动态，维护社会安定。全局民警很快行动起来。为坚决执行党中央决定，在领导班子和处长、分县局长以上干部会上，我多次表态，领导干部首先要旗帜鲜明，立场坚定，统一思想，带好队伍。当时也有好心的同志劝我讲话不要太直白，我说："不怕，要敢当！"其间，公安部副部长牟新生来市局了解情况，我陪同下基层巡查，在地铁口遇到中央电视台记者采访我，我说："北京很安定，我们有信心确保北京平安。"

从王宝森自杀到陈希同被撤职审查，23 天的日日夜夜，我带领广大首都民警一直坚守在岗位上，不敢有丝毫麻痹，确保了非常时期首都社会大局稳定，首都公安经受住了这一场严峻的考验。

1995 年 4 月 27 日，陈希同被撤职接受审查，中央派尉健行同志担任北京市委书记，胡锦涛同志到场讲话。第二天，尉健行在市委扩大会议上宣布由我全面主持北京市公安局工作。在中央和新市委的领导下，北京市的政治局面很快得到稳定，工作秩序恢复正常。我随后任市局党委书记、局长。我决心团结带领广大民警努力开创首都公安工作新局面。

◆ 保卫世界妇女大会

1995 年 8 月 30 日至 9 月 15 日，联合国第四次世界妇女代表大会暨'95 非政府组织妇女论坛首次在北京召开，三万多名各国妇女代表参加大会，其中一万多名是非政府成员。这是联合国世界妇女代表大会人数最多的一次，也是时间最长、活动最多的一

峥嵘岁月，勇于担当

次。会议的规模在国际上也少有先例。中央、国务院领导高度重视，提出"确保稳定、确保大会安全，不出大问题"的总体目标，要求北京全力做好安保工作。并从各省市公安机关调来一批懂外语的女民警参与安保工作。这是对北京公安工作一次大推动、大考验。虽然这届世界妇女大会规模大、任务重、要求高，但我们充满信心，认为这是与国际接轨，开阔眼界，增强实战能力的大好机遇。在全局世妇会安保动员大会上，我要求全体民警振奋精神、勇于担当，充分展现中国人民警察的崭新面貌，积极投入这场规模巨大、具有世界意义的安保工作中。在大会筹委会五人小组（公安部副部长田期玉和我参加）领导下，市局组织制定了各区域、各会场、各项活动大大小小一百多个安全保卫工作方案和预案。在制定天安门广场保卫方案时，我亲自到广场划分区域计算人数，预防可能发生的任何问题，精心研究处置方法。大会主会场在亚运村，分会场在怀柔（主要是非政府成员）。从主会场到分会场每天我要来回跑几趟，对发生的问题都按照预案及时妥善处理。一名参会的女外宾喝了酒后脱光衣服在酒店楼道跳裸体舞，被女民警和女服务员按照预案，迅速用床单裹体送回房间，避免产生不良影响。一些参会妇女到秀水街逛街拎起衣服就走，抱起西瓜边吃边跑，摊贩追上去要钱，按照预案，我们的民警立即上前替她们付钱，从而避免发生争执。这样的事情发生不少，我们都一一妥善处理，从而保障了世妇会的圆满安全。

在世妇会召开期间，李鹏总理曾亲自到怀柔分会场视察。我向他汇报了安保工作，他很满意。

为全力保卫世界妇女大会，率先在决心书上签名

　　在世妇会开幕前夕，联合国总部派安全检察官霍尔来北京视察，我陪他到各个会场、驻地实地察看。我问他有什么看法，他反问我怎么看。我说还不放心。他说可以放心了，你们做得很周密。世妇会圆满结束后，我请霍尔吃饭，公安部田期玉副部长出席，霍尔说："田先生、张先生，你们心上的石头可以落地了吧，我到世界各地参加过许多会议，北京的秩序要比许多国家好得多，

你们这次很成功。"我开心地对他说："世妇会许多见闻使我们长了知识。"

这次世妇会安保工作圆满成功，在联合国也产生很大反响。1995 年 11 月江泽民总书记视察北京工作时，在卫戍区大院接见卫戍区、武警和公安三家代表，全局处长级以上干部和劳模代表参加。江泽民同志在和公安代表照相时，高兴地说：他这次去联合国开会，十几个国家的代表都谈到北京世妇会，说你们举办得这样成功，没有发生任何问题，实属难得。江泽民总书记还亲笔为市局题写了"做好公安工作，维护首都稳定"的题词。

八 ◇ 鹿宪州、白宝山两案
侦破记

　　1996 年，全国各地很多城市出现严重暴力犯罪高发势头。一时间杀人抢劫，甚至抢劫银行运钞车特大案件都有发生，社会治安十分严峻。中央决定在全国再次开展"严打"行动，严厉打击严重刑事犯罪活动。正在开始"严打"之际，北京突然发生两起惊天大案：一是犯罪分子光天化日之下，公然驾驶盗窃的车辆在市区持枪杀人、抢劫银行运钞车；二是犯罪分子夜间在近郊区袭击解放军、武警哨兵抢枪杀人抢劫。两起案件犯罪分子的残暴与疯狂，至今历历在目，让人触目惊心。

　　北京发生的这两起特大暴力案件，是建国以来前所未有的，惊动了京城，轰动了全国，社会反响非常强烈。公安部将这两起案件立为"严打"头号案件，中央要求迅速破案，并提出两案不破，"严打"不结束。

　　这是我担任局长的第二年，两起突发的特大案件，像两块巨石重重压在我和广大民警身上。我意识到，这是我当局长后的又一次严峻考验，而这种考验对我和广大民警来说是最现实、最残酷的。人生能有几回搏，我坚定决心迎着巨大挑战，带领全体参战民警，冒着生命危险冲上破案第一线。

◆ 破获鹿宪州系列抢劫银行运钞车案

1996 年 2 月 8 日 9 时 50 分许，一辆"大宇"牌轿车开至北

亲临案发现场

京市工商银行甘水桥分理处门前，在光天化日之下，一名蒙面歹徒手持冲锋枪跳出车外，窜至正在装款的"红叶"面包车旁，将一名取款员和一名保安员打死，又开枪将另一名保安员击伤，当场抢走密码箱两个，内有人民币 116 万元。当时我正在公安部参加全国公安厅局长会议，接到报告，十分震惊，立刻赶赴现场，主管刑侦的副局长阮增义带领刑侦技术人员已经到达现场。

现场勘查，地上片片血迹、足迹杂乱，现场早已被惊慌的群众和围观者破坏，无法分辨，伤者已经紧急送往医院抢救，除弹头外，现场没有提取到罪犯遗留的其他痕迹。根据现场目击者反映，歹徒下车就开枪，很明显这是一起有预谋的犯罪。我们据此迅速开展侦破。

询问中，据女司机反映，9 时 50 分许，她正在发动送款面包车，下车要擦挡风玻璃时，突然听见啪、啪、啪几声枪声，只见准备上车的保安员猝然倒下，一蒙面男子左手持枪边扫射边冲过来。她急忙躲到一辆轿车后面，蒙面人冲到面包车中门又向车内开了几枪，随后提起两个装款箱，夹着枪跑回不远处的一辆蓝色轿车，瞬间便扬长而去。等再回头看时，她的同事已经倒在了血泊中。据女司机回忆，抢劫犯年龄在三十岁左右，身高大概 1.70 米，体型中等，手持的像是冲锋枪。

现场提取到八枚子弹壳、六枚弹头及一枚臭子儿（哑弹），经检验是来自境外波兰制微型冲锋枪射出的，枪是走私而来。后发现作案驾驶的"大宇"汽车被抛弃在朝阳区安贞西里，车内已被烧毁。另经核对，此案与 1995 年 12 月 13 日上午 11 时许，发

鹿宪州作案使用的波兰造的 9mm 微型冲锋枪

生在亚运村红星信用社门前，开枪将女取款员打死，抢走人民币15万元的案件是同一人所为，随即并案侦查。

而就在全力侦破持枪抢劫银行运钞车案件时，3月31日至4月22日夜间，在石景山、丰台地区又出现一歹徒三次夜袭武警、解放军哨兵抢枪杀人案件。打死解放军哨兵一人、伤三人，抢走武警哨兵五六式半自动步枪一支（无子弹）。在乘出租车逃跑时被我巡逻民警堵截盘查，又开枪打伤我方民警两人。

持枪暴力案件一起接一起，来势凶猛，开展侦破工作难度很大、压力很大。可以说这是北京公安史上没有的先例。

"严打"一开始，胡锦涛同志就代表中央到北京视察，看望基层民警，听取"严打"汇报。我和市领导尉健行等人陪同他到丰台、宣武分局几个派出所看望正在战斗的民警，了解北京开展"严打"情况。我在汇报时说：北京"严打"不敢松懈，经过深挖破获了一批涉枪案件，打掉了一批犯罪团伙，收缴了大量非法枪支，但这两个案件仍未发现有价值的线索，我们正在组织侦破。胡锦涛同志见我如实汇报点头认可，并鼓励我说："对顶风作案的一定要迅速破案，坚决把犯罪分子的嚣张气焰打下去。"他见我很疲劳没有睡好觉的样子，临行前紧握着我的手说："先睡觉，好破案。"这对我是莫大鼓励。市委书记尉健行也多次听取案件情况汇报，并亲自部署各区县领导广泛发动群众提供破案线索。通过电视、广播公布案情，发动群众协助查找被盗车辆，就是尉书记提出的。但面对这两个案子，一时破不了案，群众呼声很大，各级领导都在关注，我的压力也越来越大。

我和全体参战民警从未遇到过这种阵势。仗怎么打？"两案"怎么破？我沉下心来，暗想要尽快破案，不能混战，乱了阵脚，必须想出分别对应的办法，采取不同对策各个击破。

我在华北军政大学受过军事训练，学过进攻和防御战术，很受启发。我想，破案同打仗一样，也要讲究战略战术，与犯罪分子斗智斗勇。我当即决定根据"两案"作案时间、地点和犯罪特殊性、手段不同，将"两案"划分为两个战场，采取以防为攻战术，各个击破。我将石景山和丰台地区发生的夜袭哨兵案划为西线战场，并与北京军区保卫部成立联合专案组，密切配合作战。为严防歹徒窜入市区作案，我调动特警、巡警和派出所民警在部队密切配合下，严防严守。同时，在重点区域内深入摸排可疑人员。对蒙面歹徒光天化日之下抢劫运钞车一案,在城区广泛发动群众，追踪调查他的窝藏点，并在全市发动群众清查非法枪支。

一时间，在石景山、丰台几个重点地区和通往市区要道布设了公开与秘密相结合的警力，彻夜把守。参加抓捕的队员化装成出租汽车司机和街头商贩，冒着生命危险，时刻准备与凶恶的歹徒决斗。有的侦查员勇敢地代替解放军战士站到岗哨上等待抓捕时机。他们是战场上的英雄，是人民警察的勇士！我又何尝不心疼自己的民警，但破案如同打仗，要有冲锋陷阵的精神。我再三叮嘱参战民警要用智谋抓捕罪犯。

在"严打"斗争的强大震慑下，袭击哨兵的歹徒没敢再作案，一度消失踪迹。

在6月3日7时55分，胆大妄为的蒙面歹徒趁着银行开门营业之时，再次窜出顶风作案。他驾驶黑色尼桑公爵王轿车，挂着盗窃来的军牌，窜到海淀区知春里建设银行支行，头戴面具、手持微型冲锋枪，在距离门前50米处停下，公然恐吓拦截某街道联社装有两个储蓄所款项的黄色夏利车，用枪威逼司机交出后备箱钥匙，抢走了放在后备箱的两个铝合金提款箱，内装大量美元、日元、港币，折合人民币70余万元和200多万元大额可转让定期存单。随后，歹徒驾车逃离现场，整个作案过程不到五分钟。经追踪调查，9时，在海淀花园路红砖村，发现被抛弃、烧毁的尼桑轿车。判定案犯抢劫后换了事先停放好的汽车，按计划好的路线逃匿。

"6·3"抢劫银行运钞车案再次发生，让我猝不及防。我在专案组会上发过火，指出：此案的发生，说明我们的摸查工作没有落实，防范工作没有跟上，撒网有漏洞，没有触及抢劫犯的要害，没有震慑住他。我每天夜里工作到两三点钟，甚至通宵达旦听取专案组和参战人员汇报，反复分析案情，寻找破案突破口。

当时老百姓议论纷纷，民警家属也在埋怨，社会上传说公安遇到了对手，破不了案，说公安局是白吃干饭的。这些话深深刺痛了我和民警的心。我每天睡不着觉，吃不下饭，冥思苦想，病了在办公室打吊针，两只眼睛肿得像核桃。参战民警也都憋着一股劲儿，发出破不了案决不下战场的誓言："掉皮掉肉不掉队，流血流汗不流泪！"他们的决心和信心给了我力量，必须尽快破案，给首都人民一个交代，让人民群众重树安全感。

我何尝不知道为了破案，参战民警经历的艰辛。几十天、几个月回不了一次家，婚期一次次订下来，又一次次推迟。亲人病了，甚至病危了，他们也无法在床前照料。他们中间许多人自己也是带着各种病痛，揣着药瓶子在拼在搏，忍着饥渴劳累，连续几天几夜地蹲守。调查可疑线索查否了多少次无法统计，只要有一线希望他们也不放弃。可是对破案而言，评判的尺度，却是只看结果，不管过程。这是公安工作特殊的职能和使命而必须承受的严酷。那时派出所管理户口只靠户口簿大底票，每栋楼一本，重两斤，每个户籍民警负责十几栋楼，加到一起有三十几斤重。民警工作很辛苦，查对每件线索都要跑来跑去，跑累了、困了就往地上和长椅上一躺，用砖头当枕头（海淀双榆树派出所就是这样，有的民警几个月回不了家，洗不了澡，脱下带汗水的裤子往地上一扔，裤子都能立着）。

此时，在法院和检察院配合下，也发动在押犯提供作案线索，其中也有举报持有境外枪支、预谋抢劫银行的线索，经过侦查都一一否定。

北京电视台年轻的女记者徐滔进行"严打"采访，跑得上了火、牙疼。她来我办公室时说牙疼，我说我也牙疼，牙疼就要使劲儿咬它，越疼越咬！这不仅是在和牙疼抗争，也是在和巨大的压力抗争。我对她说这些话，更像是对我自己的安慰，当时我的困难和压力确实很大，听到她说基层民警破案干劲很足，我非常感动。

那些日子，夜晚一有时间我就在市局大院或楼道里踱步，思考如何尽快破案（白天会议多，需要办的事情也多，晚上又要排队听取各单位汇报，甚至深夜还要召集专案组开会，经常通宵达旦）。我一边踱步一边哼哼《便衣警察》主题曲——"历尽苦难，痴心不改，少年壮志不言愁"，这支歌曲最能激发我的斗志。作为北京市公安局局长，在这两个案子上背负着北京乃至全国公安民警的荣誉和期望。中央提出，这两个案子不破，北京"严打"不结束，全国"严打"也不结束，可谓一案系全局，我的压力越来越大。我在考虑歹徒之所以敢顶风作案、作大案，不仅说明他是犯罪老手，有犯罪前科，被打击或坐过大牢，或是从劳改监狱中脱逃出来的，更重要的是在社会上有保护伞，有包庇藏匿他的人，为其掩盖行踪。我多次召开有关分局派出所长座谈会，研讨"严打"存在的问题，部署深挖犯罪分子及其同案人，并加大追捕在逃犯力度。一个月就抓捕归案在逃犯 1000 余名。

我在想，为什么多次从人、枪、车几个方面清查，都没有发现有力线索？为什么再三部署查找案犯可能藏身的出租房屋，也没有结果？是摸查中有阻力，有漏洞？一开始我就强调依靠发动群众，在调查摸底上下功夫，特别是对出租房屋要仔细查，坚决端掉犯罪分子的窝点（当时出租房屋缺乏管理，居住混乱）。我也很担心漏掉，在会上多次强调，"摸查出租房一定要见到人"，并发狠地说："谁漏掉了可疑线索，犯罪分子什么下场，你就是什么下场。"我指的是问责。我说："你想全局四万民警都在昼夜摸查这一线索。如果从你手里漏掉了，首先你怎么向四万民警作交代，再进一步说你怎么向人民作交代！"当时我们还不知道，有一名民警已经查到门上，因几次没见到人就没有坚持继续查下去。破案后证实，这个出租房正是案犯藏匿作案枪支、工具和大量赃款的窝点。此出租房是公房，是某单位一名干部私自出租的。

我又在想，"严打"以来，我们在广泛发动群众的基础上，在全市开展了声势浩大的收缴非法枪支行动，一个月就收缴大量非法枪支、子弹、炸药，从中破获涉枪抢劫等重大案件6000余起，为什么仍没有发现此案枪的线索？据调查，1995年至1996年，北京发现和处理涉枪案件，是历年清理打击最多的年份。到如今还能听到老百姓说：当年公安局收缴非法枪支和管制刀具太得民心了，不然就会像美国那样频发枪击案，老百姓不得安宁。这是党中央的英明决策，一切从人民利益出发，坚持走中国特色法治道路。

时间不等人，为防止歹徒再次出来作案必须出奇制胜、"一招制敌"。我想到从"车"上打主意。案犯之所以每次作案得逞，逃离得快，关键就是车。于是，我大胆提出"以车找人，以车破案"！

案发初期，根据我们追查，歹徒每次为抢劫作案盗车不止一辆，并且盗窃的车越来越高级，盗车后更换车牌，抢劫后迅速抛车、换车，再盗车、再换车牌，并且放火烧毁车里的物件，作案手段十分狡猾。有的同志认为"以车找人"是大海捞针，不好掌控，危险性很大。我说"以车找人,以车破案",是要从被盗车源头上找线索,困难是大,掌控也有危险,但是,既然犯罪分子敢于冒险作案,我们为什么不能冒险智取。我再三考虑必须斩断他的"腿",让他暴露于阳光下,令他无所遁形。眼前只有这一搏,要和他较量一把,我相信只要措施果断准确就一定能成功。我曾暗想把他拉出来面对面决斗,必让他惨死在车里。

我强调,犯罪分子盗车档次升级,以快速逃逸来对付我们,重点要查找被盗高级轿车。并指出这个贪婪的亡命之徒,会很快再作大案,必须抢在案犯之前。我让专案组立即部署在全市清查被盗高级车辆。同时,为提高快速反应能力,重新制定了巡逻堵卡方案,调整110报警系统,将警车警力有目的地向金融部门倾斜,巡查发现可疑车辆。对全市特别是城区金融系统重点部位及银行网点、运钞车,再次进行安全大检查。动员银行各网点安装对外监控设施,增加运钞车护卫(当时银行各网点防护设施简陋,没有对外监控设施。运钞车各式各样,没有专业护卫)。动员银行系统购置运钞铁箱、铁柜,市局派出安防技术人员,协助把运钞铁箱、铁柜焊接到运款车上,钥匙、款箱分离,增强运钞车的安全系数。在市领导和有关部门协助下,防范工作有了很大改进。

为开展"以车找人,以车破案"行动,从派出所民警、治安警到交通警都参与了摸排被盗车辆线索,严厉打击盗车犯罪,破获了上百起盗车案件。各出京检查站不仅破获盗窃汽车案,还查获整车盗运自行车案,为整治社会治安、打击外来犯罪起到了很大作用,也为破案工作创造了条件。与此同时,还组织侦查员和民警扮成保安人员参与银行运钞车护卫，寻机发现抓捕持枪抢劫犯。这是冒着生命危险的工作，可参战人员没有一个畏惧退缩，都争着上车参与打击犯罪。很多民警写请战书、决心书，表现了对党和人民的忠诚。我很担心民警们的生命安全，认为这不是长远之策，只能作为权宜之计。对付这个狡诈的歹徒要以静制动，只有让他出笼，出其不意一招制敌。

我们正在研究部署下一步如何"以车找人，以车破案"时，却接到公安部通知让我8月26日到福建漳州参加"110快速反应"全国公安厅局长会议。我的心一直在案子上，渴望早日破案，无奈之下，走前交代主管刑侦的副局长阮增义主持此案工作，强调"以车破案"，并嘱咐要提高警惕，防止劫匪再次作案。我对他说："这是个贪婪劫匪，近期很可能再出来作案，一定要坚守好。"阮增义副局长是我的好战友、好助手，也是联合专案组的副组长，干刑警出身，工作很敬业，坚持原则，对我帮助很大，我很放心。

果然，在我参加会议的第二天就接到报告，第三次持枪抢劫运钞车案件发生。8月27日8时50分，歹徒和一名同伙驾驶一辆本田轿车，均蒙面，持手枪、冲锋枪，窜到宣武区城市合作银行滨河路支行约80米处，驾车拦截银行运钞车和护卫车，威胁车上人员将车内钱箱的钥匙交出。在遭到拒绝反抗时，两名歹徒同时开枪打伤司机和押运员，后又开枪打伤打死前来接车的支行的一名保安员和一名会计，因无法打开焊接在车上的钱箱，抢劫未遂，驾车逃跑。

如此变本加厉、穷凶极恶！我听完汇报肺都要气炸了，痛恨至极！冷静下来后我分析，犯罪分子从一个人两支枪，发展到两个人四支枪，就是为了抢大钱、作大案，所以不顾一切，丧心病狂。这次他花了大本钱，抢劫却未能得逞，我料定犯罪分子不会就此罢休，他们会更加疯狂、凶残地作案。

银行运钞车司机安保国和押运员李超不怕被枪威逼，在身负重伤的情况下，仍拒绝交出钥匙。在支行门前等候接车的保安员杨小东和会计李国春，不顾生命危险手持木棒、橡皮警棍冲上去与两名持枪歹徒英勇搏斗。李国春不幸胸部中弹牺牲，杨小东在身中两枪的情况下，仍爬起来与歹徒搏斗。听到这些，真让我心痛心酸，他们是人民英雄（杨小东后被评为"全国十大杰出外来务工青年"，被我局招收为民警）。我义愤填膺地说："犯罪分子疯狂之时，就是他们的灭亡之时！"

回京前，每天我不停地与阮增义副局长通电话，询问追查进展情况。当听到作案的被盗本田轿车在丰台区右安门外玉林小区找到时，我告诉阮增义副局长要赶快扩大追逃线索，不得错失良好战机。阮增义告诉我，市里和公安部有关领导每天都到市局听汇报，他压力很大。又告诉我，有人提出让民警全部上街，守住银行各个网点。我听后感到很惊讶，这样做不就等于把民警全暴露给犯罪分子了吗？我们在明处，犯罪分子在暗处，民警会很危险呀。因此，我坚决反对，说我们不能再让老百姓受侵害，但也不能让我们的民警当靶子。我心酸地流下了眼泪，暗下决心必须保护他们。

9月1日，会议还没有结束，我就从漳州赶回北京，先勘查了现场，当天立即召开专案组会议，进一步部署"以车找人，以车破案"的措施。调查发现犯罪分子这次作案时没有更换车牌，开着盗来的本田轿车直接作案。我让专案组进一步查证，又发现他在作案之前，也曾公开驾驶该车，挂着原车牌，在亚运村某公寓停车场出现过。这说明犯罪分子已经达到毫无顾忌、急不可耐的地步。他的狐狸尾巴已经露出来了，已经在我们掌控之中。他不会罢休，还会很快出来再盗窃、再作案。我对专案组参战人员说，这是最后一次较量，这一仗必须打赢。

我从时间上推算，犯罪分子若是急于作案，近日很可能再次盗车，而且是高档轿车。他很狡诈，每次都是临作案前盗车，躲避我们调查。我当即下令，集中力量迅速查出自9月1日以来，全市所有被盗的高档轿车，不能有遗漏。特别强调要信息准确，要核实被盗时间、地点和车型车号，对可疑被盗车辆要盯住不放。我认为，只要摸查不漏，判断准确，歹徒再次作案之前，必会将其抓获。为了保护人民群众的安全，不再发生惨案，我必须冒险和犯罪分子赌一把。我知道很多参战民警为我这一举措担心，我也知道他们的心愿，但我决心已下，成败在此一举。为成功抓捕凶恶的罪犯，我特意在刑侦处专门挑选训练有素、有作战经验的侦查员组成抓捕队，进行训练，随时准备应战。

我还要求各分局派出所民警和各单位参战人员，再次下到地区摸排、核实被盗车辆情况，要求不能漏掉一辆被盗高档轿车，特别是被盗时间、地点要准确,因为有的事主不愿说清楚被盗时间、地点。

经过准确调查，几天内上来几十条线索，经筛选后剩下 11 条，再经筛选，最后发现有三辆被盗的高档轿车，被盗时间、地点可疑，立即发下紧急协查通知。后来我又琢磨，如果同时协查这三辆车型和车号，基层民警、保卫干部和停车场看车人员能记得清吗？恐怕容易混淆，误了大事，故必须确定嫌疑最大的一辆车为主线。

我把自己的想法告诉了阮增义副局长，并立即找了专案组，对这三辆重点嫌疑车进行再次筛选。从被盗地点、时间进行了反复分析研判，发现 9 月 2 日，在海淀区普惠北里被盗的米黄色尼桑轿车，汽车尾号为 8786，与 8 月 27 日犯罪分子在海淀恩济里小区作案盗用的本田车地区相近。又经查对，6 月 3 日犯罪分子作案盗用的黑色尼桑公爵王轿车是在普惠南里，相距更近。

凭着多年破案经验和职业特殊的敏感，我大胆拍板，"贼走熟道，就是它！""要盯住它，咬住它不放！"当即下令，集中目标查找这辆尾号为 8786 的米黄色尼桑轿车。

9 月 8 日零点 45 分，再次发出紧急协查通知。我还是不放心，当天还让市局指挥中心连发了三次督查通知，并特意加上批示："十万火急，要与犯罪分子抢时间，争分夺秒。"后来大家笑称这是"三道金牌"。同时部署警力，加强重点部位巡逻堵卡，告诉大家时间紧迫，必须抢在犯罪分子之前，制止惨案再次发生。当天，我还直接找到市局管理涉外饭店和娱乐场所的干部再次部署，要求他们亲自下去到各大饭店、歌厅、娱乐场所的停车地点进行检查，不能有遗漏。根据我的经验，作大案的老手在作案前一定会出来探听风声、放松自己，很可能晚上到这些娱乐场所活动。

9月8日这天一直下雨，我的精神一直处于高度紧张状态，层层部署，务求落实到点、到位。我认为，现在犯罪分子已经钻进我的伏击圈，感觉自己有种大战来临前的振奋。指挥中心值班人员看到我有了笑脸，他们也轻松了，说，大叔儿（他们对我的称呼）"三道金牌"发下去，脸色明显没那么严肃了。但我的内心压力他们看不到。

　　9月8日的雨夜是个极其不寻常的夜晚。我坐在指挥中心，听取各单位汇报，同时等待着……我有一种预感，案犯已经偷车几天，他应该要动手了。我对阮增义副局长说，今晚可能有戏。他问我有消息吗？我说没有，是直觉。他笑了笑，这是并肩战斗多年的默契。

　　正在我不停地琢磨时，涉外饭店管理处的民警不负重托，传来好消息：副处长舒健带领民警到东片长城饭店检查时，叮嘱保卫部要不断到停车场进行查看。当晚值班员按照公安局紧急协查通知，9点多到停车场查看一次，没有发现可疑车辆，10点左右第二次查看时，发现在相邻不远的亮马河大厦停车场边上，停着一辆米黄色尼桑轿车，车号也对。他不敢怠慢，马上跑回去报告。正在昆仑饭店部署查控工作的舒健，接到报告立即驱车赶到现场。他观察了一下地形，这辆车停车位前后都可以逃逸，马上调车堵住，让保安员迅速撤离，随即将情况报告市局指挥中心，并报告犯罪分子可能在"天上人间"夜总会。

　　终于发现他了……我极力压住激动的心情，一面指示舒健不要暴露，严密看守住，没有人出现不要靠近车辆，一面调兵遣将，命令刑侦处副处长王令振，迅速带领抓捕队赶赴现场，秘密设伏，将车围住，并命令一定等候犯罪分子出现，进入车内再进行抓捕。我下令如有反抗，可以开枪！

为了防止犯罪分子逃跑，我还秘密调动刑警和特警在停车场外围加强警戒，并再次重申，必须在犯罪嫌疑人进入车内再进行抓捕。因为现场在长城饭店和亮马河大厦之间，进出车辆和饭店住客很多，如抓捕时机掌控不好，惊动了犯罪嫌疑人，造成现场混乱，那后果将不堪设想。我破案从不用打打杀杀那一套，要用脑子、讲战术。

现场由王令振、舒健两位副处长成立临时指挥部，负责抓捕工作。抓捕队员和现场参战的刑警、特警分别埋伏在周围车里和绿化带里，几名侦查员化装成饭店服务员和保安员严守在饭店进出口。他们个个摩拳擦掌，等着犯罪分子的出现。同时每个人也在心里嘀咕，这辆车的盗车贼，真是我们苦苦寻找的抢劫运钞车的真凶吗？但我坚信，如此狡猾的作案老手，在作案前不会将车交给别人。

雨一直在下，有点儿冷，停车场已变成真空，形成天罗地网。这支守纪律的抓捕队伍，都坚守在各自的岗位，严阵以待，等待着抓捕命令。

9日零点40分，犯罪嫌疑人终于出现在抓捕队员的眼前。他从"天上人间"出来，一路东张西望，非常警觉地四处探看，慢慢往停车场走，然而走近尼桑车时，没有停步，仿佛发现了什么，原来他发觉离尼桑车不远处停放的一辆车里似乎有人。他径直绕过尼桑车，走向停车场的另一端，似乎悠闲地从兜里掏出烟抽了起来。守候的侦查员见他目光老盯着外围的那辆车，立即报告指挥部，王令振、舒健急中生智，派出一对打扮时尚的男女侦查员，走到这辆车跟前，打开车门发动马达，驶出停车场。嫌疑人似乎解除了疑虑，返身走回尼桑车，但还是东张西望，转悠了一会儿。这时抓捕队员的心一下子就绷紧了。过了一会儿，他快速走到车前，背靠驾驶车门之后还是没动，只有眼睛在不停地查看，确认安全后，他迅速打开车门、钻进车内。他的这些动作和开车门方式已经认定他就是抢劫银行运钞车抢劫犯无疑。就在这千钧一发之际，四名抓捕队员冲到车前，举枪逼住他，大喊"别动，警察"！

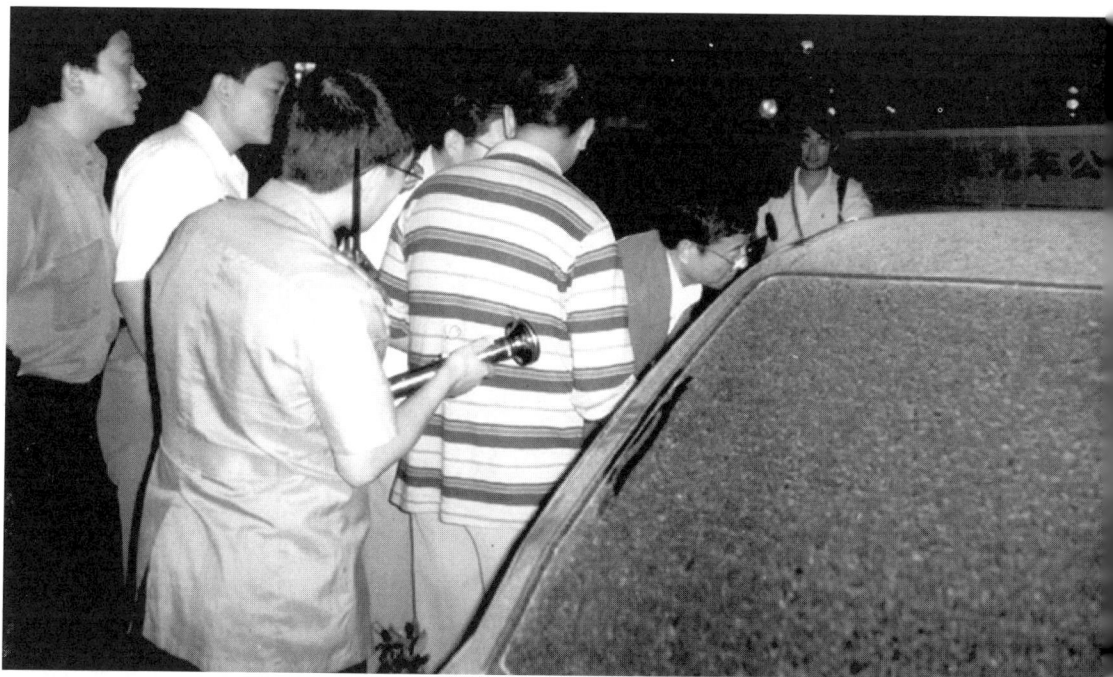

抓捕鹿宪州后勘查现场

　　这个欠下累累血债的亡命之徒，突然启动引擎，打开车灯，猛踩油门，向抓捕队员撞过去，四名抓捕队员眼疾手快同时开枪，击中了他的头部和腿部。车子摇晃着冲出十多米，撞在另一辆车上。

　　四名抓捕队员迅速冲上去，包围了尼桑车，一名抓捕人员拉

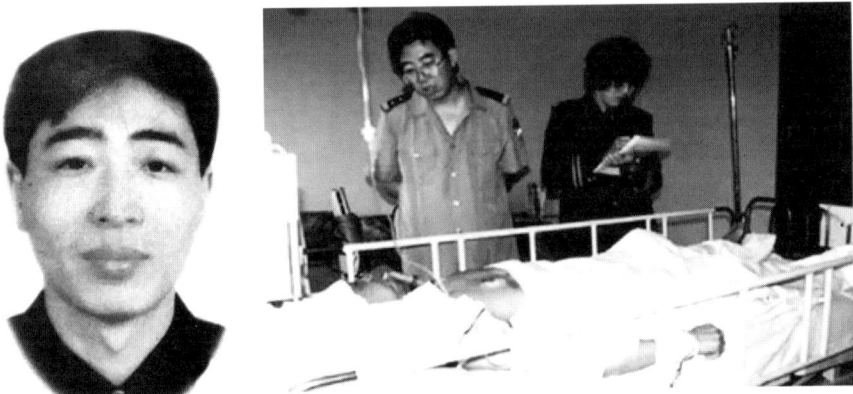

鹿宪州被击伤后在医院抢救

开车门先抓住他双手，还好，没有武器。打开车的后备箱，搜出一个背包，里面有一架红外线望远镜和一条迷彩裤，车上没有发现枪支。现场勘查人员对这条迷彩裤太熟悉了，"8·27"抢劫案犯罪分子正是穿着这样一条迷彩裤。后经查证，此人真名叫鹿宪州，正是持枪抢劫运钞车主犯。鹿犯被拉下车时，已经陷入时而昏迷时而清醒的状态，迷迷糊糊地说："知……春里……银行……是我抢的……救救我。"

　　我指示立即将鹿犯送往中日友好医院抢救，同时抢要口供。我知道他在半昏迷状态下失去主观意识，必须在他清醒之前要出口供。指挥中心主任尹燕京把带来的录音机放在他的嘴边，录问

口供。鹿犯断断续续说："李……建生（盗窃来的假身份证），住……太平路……抢银行……亚运村……银行……是我干的，知春里……也是我干的。"我们急着问他和谁干的，他断断续续说："和郭……郭某干的……"他没有说出郭某的住址。开始抢救后他就没有再说话，鹿宪州延活了十七天。

当夜，根据鹿宪州供出的太平路地址，我们很快查明其冒名李建生，就是1994年2月18日越狱潜逃死缓犯鹿宪州。鹿犯当兵复员后，曾在首都汽车公司当司机，1991年因盗窃机动车被判处死刑缓期执行。

当务之急，是迅速抓捕同案犯郭某，不能让他跑了，也不能让他死了，更不能让他再行凶杀人。当时我们未掌握郭某的身份信息和落脚点，也不知道他手里是否有枪，我很担心枪支的下落和鹿犯的窝点。当下，迅速抓捕郭某已成为破获全案的关键。

全市叫郭某的适龄人员有上百人，时间紧迫，抓捕队员很聪明，先到"天上人间"夜总会找到服务小姐了解情况，服务小姐提供这人自称姓李，都叫他"李怪人"。他每次到歌厅都要坐在一个角落17号座位，只喝啤酒，曾带过一个人来，这个人年近四十岁，比他高壮。抓捕队员又从监狱得到线索，曾有一个叫郭某的，四十来岁，去打听过鹿宪州在监狱里的情况，想找人捞出鹿宪州。这个郭某曾因强奸罪被判刑四年。抓捕队员抓住这一线索，通过郭某母亲找到郭某在朝阳区三元里的住址，并动员其母配合抓捕。

抓捕行动前，我再三叮嘱"不要死的，要活的"。抓捕队执行任务很坚决，于9月10日深夜，乘其不备，将郭某堵在家里活捉。

经连夜审讯郭某扩大线索，又很快抓捕了一直窝藏、包庇鹿犯的同案犯某出租汽车公司司机黄某某等五人。

根据线索，我们端掉了鹿犯在朝阳安华西里的窝点，现场起获鹿犯和郭某作案用的境外走私各种枪支和子弹以及大量赃款支票、盗车使用的各种工具、钥匙、车牌，假身份证和作案用的蒙面头套等罪证。与此同时，在丰台区东木樨园也端掉了鹿犯的另一个窝点。鹿宪州曾在马路上遇到搭车的某歌厅小姐王箐（化名），为她在丰台租房姘居，又以此为窝点，从此处搜出赃款数万元。

在加大审讯中，窝藏、包庇同案犯黄某某供述：鹿宪州从监狱逃脱后，来车队找到他（他和鹿在车队是哥们儿）要他帮忙。黄当即答应，马上把鹿藏在皇冠出租车里，给鹿换了衣服，然后找到鹿的原女友张某、弟弟鹿某某为鹿犯寻找多处藏匿住所，为鹿掩护。

鹿犯有了藏匿点，曾多次利用盗车进行抢劫盗窃，后对黄说："干就干大的"，要买枪作大案。于 1995 年 11 月至 1996 年 1 月，在黄某某的陪同和接送下，鹿犯先后去黑龙江黑河和广西凭祥边境购买境外多支走私枪支和子弹。鹿曾给黄某某抢劫来的赃款十万元。

又据窝藏、包庇同案犯张某（女，某医院司药员）供述：几年前她和鹿在上英语班时认识，后成为鹿的情人。在鹿从监狱逃脱后，张找来鹿的弟弟鹿某某，两人用假证明将鹿藏匿在某学校教学楼地下室临时住处，之后张与鹿的弟弟又为鹿犯多次转移藏匿地点，用鹿犯盗窃的身份证、驾驶证，花钱伪造假证明、假身份证租借出租房。此间鹿某某资助鹿犯人民币 5000 元。

我决定乘胜追击、一网打尽，立即组织专案组得力侦查员分别南下到广西凭祥边境，北上到东北黑河等地，迅速抓获了非法向鹿贩卖走私枪支的三名主要犯罪嫌疑人。经验证，所贩卖的枪支，均为鹿宪州、郭某杀人抢劫犯罪所使用。

至此，全体参战民警经过七个月的拼搏战斗，终于一举破获了鹿宪州这一特大系列抢劫银行运钞车的惊天大案。

经查：

鹿宪州：1963 年 2 月 8 日出生，北京市人，1981 年高中毕业后在昆明军区某部队服役，1984 年复员到某出租汽车公司当司机。1991 年 6 月因伙同他人先后盗窃机动车被捕，1992 年 6 月 18 日被判处死刑缓期执行，1994 年 2 月 18 日越狱逃脱。

郭某：1964 年 4 月生，北京市人，原在某厂当工人，1989 年 7 月因强奸罪被判刑四年，1993 年 5 月被释放，后经营个体发廊。

鹿、郭二犯于 1988 年春在燕京饭店舞厅结识，当时鹿宪州给一老板开车，郭某是个混混儿。

1994 年 9 月，郭听说鹿越狱逃脱出来，通过黄某某约鹿见面，将家里电话告诉鹿，一个月后鹿打电话约郭见面。从此，二人又混到了一起，先后盗窃彩色电视机、520 电脑等物。后鹿叫郭准备钱要出去，郭说没有钱，之后分手一段时间没有联系。

此后鹿宪州多次盗车寻机作案，利用入室盗窃得来的身份证、驾驶证，花钱伪造了假身份证、驾驶证，化名李建生。后又盗窃一副军车牌，驾驶军牌车作案。

鹿为了再作大案、抢大钱，选中了郭某为帮手。1996年6月，鹿突然找到郭，给了郭一笔钱，说是偷来的三十万元，并约郭再出来作案。

1996年8月4日、5日，鹿开车去郭家，在车上让郭看了从东北买回的两支小口径手枪，说起抢银行之事，郭正想发财，便毫不犹豫地答应了。从此，两人踏上了不归之路⋯⋯

破获此案后，我仔细看过郭某及其他案犯的口供并摘记下来，真是吓了一跳，他们的行动要比我们想象得快。如果不是果断采取"以车找人，以车破案"，主动出击。再迟一步，我们的付出和牺牲将会更大，后果难以想象。

据郭某交代：鹿宪州和他为了谋划作案，一天也没有闲着，特别是"8·27"案前，鹿宪州多次提出要作一次大案、抢一次大钱。

8月9日，他们曾各带一支小口径手枪，窜到上海和杭州，几处踩点企图作案，因地况不熟悉没敢下手。当时，鹿表示，哪天拿着枪来干一次，又表示回北京后作一笔大的，然后在上海安营扎寨。

8月19日，从上海返回北京。

8月20日至26日，鹿、郭二人先后来到广安门、宣武门附近的银行观察踩点，因发现附近有警车，没敢下手，鹿在车上还让郭看了准备作案用的四支枪。

8月25日晚，二人在海淀区恩济里小区，盗窃一辆蓝色本田轿车。

8月27日上午9时，二人驾驶这辆车到宣武枣林前街北京城市银行滨河路支行附近，拦截运钞车，抢劫未遂，开枪打死一人，打伤三人，驾车逃跑后，将车抛弃在丰台区右安门外玉林东里小区，换了一辆事先停放在那里的灰色丰田轿车逃逸。

8月28日中午，鹿、郭二人见面。鹿说："咱们一共打了十几发子弹，暴露了四把枪。"二人约定29日晚在长城饭店"天上人间"见面，鹿说："咱们还得去抢一次银行，趁现在他们（指警方）还对付不了咱们，以后就不好抢了。"又说："找些单位提款的抢，我让他们（指警方）老紧盯着。"

8月30日中午，鹿找到郭说去抢辆车，因没有找到合适机会，转了一圈未抢成。

8月31日，鹿、郭二人在市内寻找机会抢车未成，当晚在海淀某大院里，盗窃了一辆浅色本田车，开到三元里某处，分手时二人约定第二天去亚运村附近的银行。

9月1日早，鹿、郭二人来到亚运村附近一银行，看到有提款车，旁边还有一辆警车，无法下手。鹿说："不行就不抢运款车了，抢单位拿大包的。"

9月2日夜，鹿、郭二人在海淀区普惠北里盗窃一辆米黄色尼桑轿车。

9月2日至6日，鹿、郭二人每天去银行附近寻找机会抢劫，均未成。

9月7日，二人未见面。

9月8日，鹿、郭二人继续在亚运村和华北大酒楼附近的银行寻找抢劫机会，未成。分手时约定9月9日早8时见面，后郭某未能见到鹿宪州。

破案消息传出后，很快家喻户晓，全市人民拍手称快，纷纷打来电话或写信为民警们叫好。有的群众打电话说："我以为你们破不了这个案子，你们真棒！"尉健行书记高兴地到中南海告诉大家，"我们这个案子破了"。中央几位领导都打来电话祝贺慰问，江泽民总书记说："你们这个案子破得好！"李鹏总理从外地打来电话问我是真的破案了吗？我告诉他是真的破案了，他高兴地说："你们破获了中央和老百姓都关注的大案，干得很好，要给破案民警嘉奖。"朱镕基副总理批示："三案连破振奋人心！"胡锦涛同志更是高兴，让我们认真总结。

中央政法委和全国政协法制委发来贺信，表扬北京市公安局全体参战民警是经得起严峻考验的，是党和人民完全可以信赖的队伍，是一支能打硬仗、善打胜仗、战之能胜的钢铁之师。公安部通令嘉奖，市局全体参战人员荣立集体一等功，直接参战民警53人和35个战斗集体荣立一等功和二、三等功。市委书记尉健行、市长李其炎和公安部长陶驷驹、副部长白景富亲自带队到市局慰问全体参战民警，同参战民警代表一起合影留念。在庆功大会上，我向全局民警和他们的家属深深鞠了一躬！1996年，北京市公安局被评为全市优秀单位。

在一举破获鹿宪州这一持枪抢劫案后，中央电视台《东方之子》栏目记者采访我时，我很自豪地说："破了惊天大案，首都人民

陪同领导参观北京市"严打"斗争纪实展览

警察腰杆直起来了,有了荣誉感、获得感,但还要继续前进。"我还说:"我这一生干刑警时间最长,我最大的幸福就是破了案,干刑警这一行最艰难、最危险。打击犯罪、保护人民,是一种神圣的职责,不管有多苦、有多累,甚至流血牺牲不在话下。如果有缘,我下辈子还当警察!"

破获鹿宪州杀人抢劫特大案件后,为保持"严打"态势,守护平安北京,市"严打"工作领导小组交由市公安局承办,1996年10月至12月在军事博物馆举办了"来自'严打'一线的报告——北京市'严打'斗争纪实展览"。胡锦涛等中央领导及全市各届群众 55 万人参观展览。参观团体 600 余个,外地参观人员 10 万多人。为宣传全国"严打"工作取得的巨大成效起到了很大作用,强有力地震慑了犯罪分子。

1997 年,在破获"白宝山"案件后,北京青年报记者杨菊芳(北京青年报社党委委员、高级记者)受市委领导委托到市局采访我。她采访很用心,也很热情。在采访时,很多同志对她说,"我们的局长是性情中人,又不平凡又平凡、又刚又柔、又粗犷又细腻,是一个矛盾的统一体。"她非常认可这番话,抓住我的性格特点,写下了"铁骨柔情""性情中人",并拟用《性情公安局长张良基》为题将采访文章发表,我没有让她发表。我认为民警是最辛苦、最感人的,应该报道他们的事迹。

我经历了这么多大案要案侦破工作,很多人认为我个人会多次立功受奖。前十几年,我每年都被评为先进工作者。当了处长后有了立功的说法,但我坚持自己不要个人功,只是和大家一起立过集体一等功三次、集体二等功两次。我认为当领导不应该想着自己立功,而是应该带头工作,有了功劳要记在民警身上,这才公道!不记个人功没有包袱,可以轻装前进!

◆ 破获白宝山夜袭哨兵抢枪杀人抢劫案

在破获鹿宪州抢劫银行运钞车案件后,全局民警士气大振,尽快抓获夜袭哨兵抢枪杀人抢劫案犯是广大民警的迫切愿望。虽然犯罪分子一度消失,逃亡去向还没有查清,但我们有决心将案犯抓捕归案。

夜袭军警哨兵抢枪杀人抢劫案件发生时，正是鹿宪州疯狂抢劫银行运钞车案之时，而抢枪犯作案更加猖狂无忌，他竟敢公开杀害军警哨兵抢枪，并用抢来的枪杀人抢劫，这在过去是罕见的。由于其连续顶风作案，疯狂至极，被立为"严打1号案"。

1996年3月31日晚10时许，案犯窜至石景山某电厂后门，跳墙入院，用铁棍将武警哨兵击晕，抢走五六式半自动步枪一支（无子弹），后于4月7日至22日夜间，持抢劫来的半自动步枪先后窜到石景山苹果园某军营和丰台某训练场连续作案，企图抢短枪，开枪打死哨兵一人、伤二人，抢枪未遂。4月8日凌晨1时许，案犯乘出租车逃跑途中，被石景山分局巡逻民警堵截盘查，案犯开枪打伤4名民警。

现场勘查时，在几处现场提取到案犯脚印和数枚弹壳。经检验，弹壳是同一型号75.81步枪子弹，由同一支五六式半自动步枪发射，证明几起抢枪杀害哨兵案是一个人所为，且手中早有子弹。抢了长枪还要抢短枪，说明歹徒企图抢枪作大案。

现场分析，案犯受过射击训练，而且有作案经验，或被打击处理过，是犯罪老手。足迹鉴定，推断犯罪分子年龄在40岁左右，身高约1.80米。根据犯罪分子连续在同一地区作案，判断其对这一地区很熟悉，应有落脚点或藏身之处。我随即组织专案组在这一地区方圆五公里范围内开展摸查，并强调重点调查被打击处理过、有犯罪前科的人员。

为抓捕歹徒，避免与抢劫银行运钞车案混战，我决定划分两个战场，将此案划为西线，并与北京军区保卫部成立联合破案组，采取不同战术各个击破。我调动特警队和巡逻警，并选择狙击手在驻地部队密切配合下，严防严守。

为防范案犯进入市区作案，在石景山区、丰台区通往市中心的要道口，增设警力把守。所有参加抓捕的民警冒着生命危险，随时准备与凶恶的歹徒决斗。

在分析是什么人作案时，开始有专案组的同志持不同意见：认为部队内部人员作案嫌疑较大，很可能夜晚趁机将哨兵打晕，抢走枪支，以备他用。当时查出一副连长平时好打骂战士，案发当晚曾外出过。为查清他的嫌疑，部队曾对他进行禁闭审查，但没有发现作案问题，我坚持依法办案，并经部队同意解除审查。我和专案组大多数同志认为犯罪分子之所以敢疯狂作案，而且连续作案，应是社会上有抢劫前科的人员，遂坚持在当地发动群众开展摸查。

在尚未查出嫌疑线索的情况下，我认为犯罪分子作案用的"75.81"子弹是重要的调查证据。我提出以"75.81"子弹为追踪破案线索，一方面要求地区（相对于部队）深入摸查，另一方面派出侦查人员赴外地子弹发放地区调查走访。根据查证，"75.81"子弹是湖南某兵工厂生产，发放西北各部队。但近几年来流失到社会上很多，分析犯罪分子有可能借各种机会搞到手，需要继续做艰苦细致的调查。

后来在"严打"强大威力震慑下，案犯没有敢再继续作案，一时销声匿迹，仿佛人间蒸发一样。但我和专案组并没有放弃，没有撤兵。我考虑犯罪分子几次作案都在这一地区,而且都是深夜,他的作案时间和规律,无疑与这一地区有着密切联系,所以要坚守阵地,坚持深入调查。同时我也考虑犯罪分子不会就此罢休,他企图抢短枪作案的目的如果没有达到,一定还会选择他认为安全的地区继续作案,要尽快发现他的行踪。

果如所料,7月27日,犯罪分子窜至河北徐水某兵器厂,用半自动步枪、"75.81"步枪子弹,开枪打死哨兵一人、伤一人,抢走八一式自动步枪一支(无子弹)。经派侦查技术人员赶赴徐水会同现场勘查,认定其与北京是同一人作案,我们当即决定与河北徐水公安机关联手破案。不料12月16日,犯罪分子又乘机窜回北京,在德胜门外烟市,用八一式自动步枪、"75.81"步枪子弹,开枪打死一名个体女烟贩,抢走人民币6.5万元后逃之夭夭。我立即组织专案组撒网追捕。当时我的压力很大,为加强西线调查工作,我组织专案组再次强调要以地区有抢劫犯罪前科的人员为重点,深入开展调查。在当时,"坚持和忍耐"是我和参战民警面临的最大挑战。

为挖掘线索争取早日破案,我们还会同市法院和市检察院发动在押犯检举提供线索,加强对涉枪案件调查。虽发现几个刑满释放人员和社会上有涉枪作案嫌疑的线索,但经逐一调查均被否定。

1997年8月,得知新疆石河子、乌鲁木齐地区接连发生抢枪杀人抢劫案的信息,我和专案组很重视,认为极有可能与北京、河北徐水发生的抢枪袭击哨兵案有关联。我怀疑,这就是我们一直在追捕的犯罪分子。于是,我让刑侦处刑事技术科研所通过公安部主动与新疆公安机关联系，了解案发现场情况。8月20日，我们得到确切信息，在乌鲁木齐边疆宾馆商贸城发生的抢劫杀人现场提取了六枚弹壳。我当即让刑事技术科研所痕迹室主任朱翔，通过公安部协调，速调现场物证到我局进行检验。朱翔亲自到首都机场接取物证，回所后立即进行检验。结果认定：六枚"75.81"子弹壳，同北京发生的"12·16"案（德胜门烟市抢劫杀人）现场提取的"75.81"子弹壳，是同一支八一式自动步枪发射的，枪是在河北徐水作案时抢的。由此证明北京、新疆、河北三地发生的抢枪杀人抢劫案是同一犯罪分子所为。于是我组织专案组带领侦查技术人员赶赴新疆乌鲁木齐会同勘查调查，了解发案情况，调查案犯在新疆的犯罪活动。

根据案情发展，在公安部协调下，我们会同新疆、河北公安机关联手开展侦破。从新疆了解到两名案犯先是在石河子农场派出所，用八一式自动步枪打死一名警长和一名治安员，抢走了五四式手枪和子弹，后窜到乌鲁木齐边疆宾馆商贸城，用步枪、手枪打死打伤多人，抢走两个商人120余万元。

以此我分析，犯罪分子在北京作案两次抢短枪未能得逞，到了新疆能很快找到同伙并抢到短枪，说明他对新疆的情况很熟悉。我分析犯罪分子极大可能是送新疆劳改倒流人员。当即下令对1983年以来，送往新疆劳改释放及逾假不归的110余人再次逐一过筛子，深入细致地开展查证。

经过逐一核查，发现1996年3月，由新疆劳改农场提前释放的劳改人员白宝山有重大作案嫌疑。白犯于1983年"严打"时因盗窃和抢劫罪被判刑 14 年，提前一年释放。在其释放当月，北京发生抢枪杀人案件。而他一直以做小生意为掩护躲在外边，逃避公安机关的调查。其母亲家住石景山模式口，与几起抢枪案距离较近，针对现场提取的"75.81"子弹，经派出的侦查人员查证：子弹配发西北地区包括新疆生产建设兵团农 8 师，而白宝山的劳改地就在新疆农 8 师，其间弄到子弹的可能性极大。而且他被判刑之前在工厂参加过民兵射击训练。据此，白宝山抢枪作案嫌疑迅速上升，当即确定白宝山为本案重大嫌疑人。

在查出白宝山后，我们立即部署警力对他住处和其母亲家进行严密布控。虽然还未接到新疆查找白宝山的信息，但无论如何不能让他跑了，更不能让他再次行凶杀人。我们分析白宝山逃回北京，一定会住在其母家，又考虑到白宝山是杀人狂，一旦抓捕措施不当，必将发生枪战，为避免无辜牺牲，最后决定用智谋将他诱捕。

1997 年 9 月 5 日，在白宝山刚刚潜逃回北京其母家时，我们

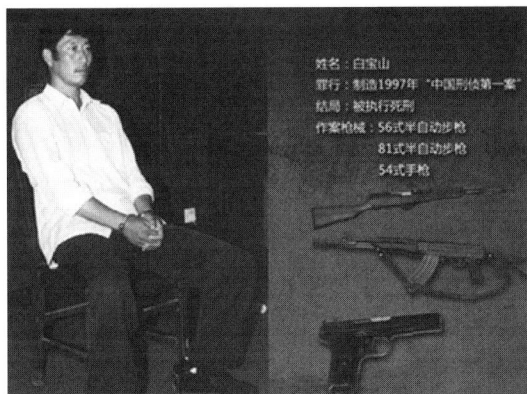

白宝山

选派市局刑侦处一大队刑警和石景山分局民警三名精干侦查员（两男一女）在派出所一名民警配合下，以给他办户口为名，以和平方式进入其母家。进门后，狡猾的白宝山发现情况不对劲儿，谎称要

换衣服，转身要拉开小衣柜，拿放在柜里的手枪，被我机智的侦查员上前搭肩挡住，笑着对他说："这又不是相亲，不用换衣服。"当着其母的面，将他推出门，带至派出所。

当侦查员询问白宝山外出活动情况时，接到新疆石河子公安局发来信息，证实白宝山于七八月间在

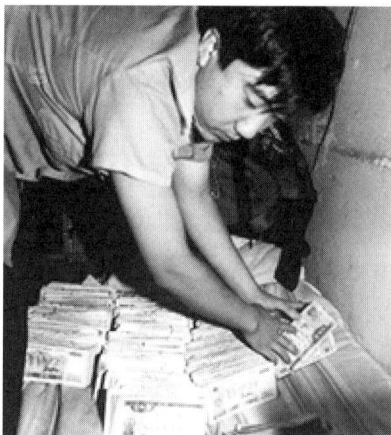

缴获赃款

石河子出现，并有杀害同案犯吴子明重大嫌疑，于是当即将其拘捕。经对其母亲家中进行搜查，发现白犯藏在小衣柜里的五四式手枪已经顶上了子弹，并当场搜出子弹64发，成捆人民币110万元。真是万幸，如果不是果断采取智捕措施，在他毫无防备下，将他堵在家里；如果不是机智的抓捕队员没有给他拿枪的机会，成功将他活捉，那后果将难以想象！

至此，这个罪恶昭著、凶狠贪戾的杀人恶魔的亡命之路也在这一天终结了。

经查：

白宝山，39岁，原籍河北省徐水县，13岁随母改嫁移居北京，住石景山区，1976年在北京某厂当过装卸工，曾参加民兵射击训练。1983年因盗窃、抢劫罪被判刑14年，1996年3月被提前一年释放，3月11日藏带子弹回到北京。

谢宗芬（白宝山的姘妇），40岁，四川省筠连县农民，1996年来京打工做生意与白宝山相识并长期姘居，多次为白宝山包庇、掩护、探听消息、藏运枪支，是白的同案犯，多次分得赃款。

抓捕白宝山后，在石景山分局面对这个杀人恶魔时，我真是恨得咬牙切齿。我愤怒地对他说，"你这个罪大恶极的杀人犯，杀死我多少无辜群众，欠下了累累血债，人民不会饶恕你。你必须老老实实低头认罪"。

当时，他跪在那里仍表现出不服气的神情。我发狠地说："这

破案后，露出成功的喜悦

时候你还逞英雄，你已经是丧家之犬。"并有意对他说："不怕你不老实，就怕你不聪明。好汉做事好汉当。既然敢犯罪，就要敢承认，这才是你的本色。"白宝山既是野蛮人也是聪明人，他知道自己是杀头大罪，也知道这一关过不去，被送进预审室后，经过审讯供认了全部犯罪事实，还交代在新疆劳改农场，为了报复杀死同监服刑犯二人。

审出口供，我立即派侦查员赶赴河北徐水，将他埋藏在铁路边的五六式半自动步枪取回。同时远赴四川，将同案犯谢宗芬（白的姘妇）抓获。

白宝山为贪图金钱，不计后果乱杀无辜，先后在北京、河北、新疆作案，杀死十七人，杀伤十三人。特别是在新疆乌鲁木齐边贸城作案极为疯狂残忍，当场开枪打死七人，打伤五人，为平民愤，维护民族团结，我们接受新疆公安机关的请求，将白犯押解新疆处决。同时，将同案犯谢宗芬一并押送新疆处理。

案件终结，公安部给北京、新疆、河北联手破案参战人员通令嘉奖！中央领导批示：在党的十五大召开前夕，破获这起特大杀人抢劫案件，清除了重大隐患，向所有参与破获此案的公安民警表示谢意！

白宝山口供摘记：

白宝山交代：在劳改期间，就起意放出后要抢大钱、作大案，讨回狱中失去的青春。

打定主意后，他着手准备。因自己曾在工厂参加过民兵训练、学过射击，觉得用枪来作案顺手。之后他趁独自一人放牛时，用抓牧民的羊群做交易，先后弄到"75.81"步枪子弹75发，手枪子弹约50发，藏在牛棚里，准备释放后带回北京预谋抢枪作案。

此间，他为了不受欺负和练胆，杀害了和他在一起的两名劳改人员李宝玉、付志军。他先后以找这两人喝酒为名，分别将其骗至牛棚，趁对方酒醉时，用铁榔头将这两个人打死，埋在事先挖好的土坑里。农场管教人员发现牛棚里有血迹，审查了他四个多月，因没有找到确凿证据，在他写过保证书后又放了他。此后，他伪装积极，骗得管教人员的信任，提前一年释放。

1996年3月11日，白藏带子弹回到北京其母家中，便急不可耐地准备抢枪作案。他踩点时发现石景山某热电厂后门武警岗哨有枪。3月31日夜晚10时许，他骑着自行车来到热电厂后门附近，爬墙进入院内，见岗哨正在换岗。等了一会儿，听哨兵"呕"的一声，跑到墙边呕吐。白乘机从旁边废料堆里摸到了一根铁管，没等哨兵反应过来，照哨兵头部狠狠砸了下去，将哨兵手中的五六式半自动步枪抢走。顺原路跑到后山果园，把枪埋藏在一片篱笆墙边的草丛里。

有了长枪他觉得携带不方便，又想再去抢一支手枪。他白天四处踩点，发现某军营的门卫腰间挂着手枪。4月7日深夜，他把埋藏的五六式半自动步枪取出，又找了一块旧毯子把枪裹好，沿着山路走到树林里埋伏起来。晚上11点过后，门卫换岗。他见没有车辆和行人，端起枪，朝岗哨开了一枪。岗哨被打伤喊了一声，朝门里跑去。很快又冲出一名岗哨，他又朝哨兵打了一枪后逃跑。8日凌晨1时许，他在逃跑路上拦截一辆"面的"（出租车），在途中被石景山公安分局巡逻车拦住盘查。白见势不好，便跳出"面的"，朝巡逻民警连开几枪，打伤两名民警，跑向路边荒野，在果树园躲到天亮，将枪埋好后，才悄悄回家。

没有抢到手枪，白不甘心。4月20日，他发现丰台区某训练场的门卫有手枪。他骑车前往，把用帆布包裹的五六式半自动步枪藏在草丛里。21日晚9时许，越墙进去，22日凌晨1时许他瞄着哨兵连开两枪，将哨兵打死后，发现没有手枪，遂将空枪套和空弹夹抢走，把枪仍藏在离家不远的山上杂草里，逃回家中。

几次抢短枪没得手，白宝山感到警方缉查风头很紧，不敢再在京城冒险了。但抢枪的念头仍不死，他想起小时候徐水老家那里有一个兵工厂，就决定去那里搞枪。7月中旬，他去徐水踩点，发现兵器厂门卫岗哨有折叠冲锋枪。

7月27日，白犯携带着为作案准备的军装、胶鞋，乘长途汽车来到徐水，从果园挖出事先埋藏的五六式半自动步枪，潜伏至深夜，当场打死、打伤两名哨兵，抢走一支八一式自动步枪（无子弹），将两支枪埋在铁路边护坡树林里，乘长途汽车逃回北京。半个月后，白犯去徐水挖出八一式自动步枪，塞进一个大提包里，将五六式半自动步枪重新埋好，当夜乘火车返回北京。此间，他一直以贩卖衣服、打火机的小生意为掩护，躲在外边。

9月间，他认识了四川来京做生意的中年妇女谢宗芬，俩人很快勾搭成奸。白犯觉得带女人外出遇到盘查好对付。10月前后，曾带谢宗芬到石家庄辛集皮货市场，预谋抢劫未遂。

后经过踩点，白宝山于 12 月 16 日，乘机窜到德胜门外烟市，见一名女摊贩正在数钱，拉开八一步枪的布套，对准女摊贩开了一枪，抢走现金 6.5 万元，又向追来的人开了几枪后逃离，后将枪和钱袋子埋到一个垃圾站旁，几天后与谢宗芬一起取回，分给谢 5000 元。之后，白犯觉查到北京风声越来越紧，警察追缉的力度不断在扩大，不敢再妄动，便想到新疆去，一是躲风头，二是找同伙作案。

1997 年 2 月 21 日，白宝山带着谢宗芬携带八一式自动步枪，乘火车逃往新疆石河子。他把自动步枪用谢宗芬缝制的布套裹住，挂在肩上，外面套上厚厚的羽绒服，上了火车把枪藏在上铺床上，用羽绒服盖着，自己一直躺在上边。到了石河子，找到了跟自己一起服过刑的吴子明。

吴子明曾因盗窃被判刑六年，刑满释放后留在农场当保安。白犯跟吴说起抢劫弄枪的事，吴痛快地答应了。两人当年在一起劳改时就曾说过，将来出去一起干。

此间曾多次预谋到棉花市场抢劫未遂，后他们商量再弄一支短枪，抢劫时好互相照应。7 月 5 日，他们乘长途汽车到石河子农场 141 团，撬开仓库，没有找到枪，打死两条警犬。二人在徒步回去的路上遇到一走夜路的人，白、吴怕因此人而暴露，遂将该人杀害并埋掉。

吴子明想起 149 团派出所姓姜的警长有五四式手枪，于是两人策划着为了抢枪后能迅速逃离，决定先抢一辆摩托车。8 月 7 日下午，在星湖农场 147 团附近的公路旁，见一骑摩托车小伙子过来，吴站在路中央招手将车拦下，白朝着小伙子胸部连开两枪，后将人埋在路边坑里。

当夜，二人骑摩托车直奔 149 团派出所驻地潜伏，见姜警长和姓时的治安员回到屋里，白犯提着枪踹门而入，朝正躺在床上的姜警长连开两枪，回身又向治安员开枪，两人当场罹难。白犯从枕头下翻出五四式手枪一支，连同十一发子弹、一个手枪套一并抢走。

有了短枪，白、吴胆更壮了，白宝山不停寻找抢大钱、作大案的机会。某天，谢宗芬听当地一妇女说，乌鲁木齐边疆宾馆商贸城那里很热闹，做生意的人多且都很有钱。谢告诉了白宝山，白从电视机里看到商贸城里，来自俄罗斯、巴基斯坦、尼泊尔等国家的生意人汇集，便起意抢一把。他和吴子明先后三次踩点。

8 月 19 日中午，两人戴着墨镜出现在边疆宾馆商贸城。此时，见一位中国商人站在电线杆旁数钱，白向吴示意，把盖在八一式自动步枪上的布扔掉，向这名商人背后开了一枪，吴掏出手枪冲过去拎起死者装钱的塑料袋子，这时一名执勤警卫人员见状冲上来，被白一枪打倒。两人又向宾馆里冲，刚好撞上从里面跑出来的一名商人，手里提着装有 100 多万元人民币的红色旅行包，白追上去又连开两枪，将人打死，吴顺手提起装钱的旅行包。

这一切来得太突然，光天化日之下，谁会想到有这等血腥事件发生，手无寸铁、惊骇不已的人们四下狂奔。也有勇敢者不顾枪弹的射击，奋勇追向歹徒。穷凶极恶的白宝山端起自动步枪连续狂扫，当场又打死三人、打伤四人。

随后，白、吴翻墙穿过农场，直奔小树林，把抢来的两个包埋好，又把自动步枪藏在一个砖堆的夹缝里，匆忙逃离现场。

抢劫巨款的成功，着实让白宝山兴奋了好几天，而吴子明催促将钱取回来，二一添作五，各拿一半。白宝山说谢宗芬也参加了策划，也应分得一份，吴子明心中不悦，憋着一肚子气，白宝山见状，对吴很不放心，感觉这是个暴露自己的隐患，决定找机会杀死吴子明灭口。

8月26日，白准备了一瓶汽油、一把铁锤，带着手枪，哄骗吴子明说与谢宗芬三人去天池玩一趟，下山后取钱与他平分。到了天池三人一起爬了三个山梁，白发现一片林子挺僻静，便让谢宗芬独自往山上爬，他跟吴聊会儿天。

白见周围没人，乘吴不备，掏出锤子照他脑袋砸了一下。吴负痛一边喊，一边往山下跑。白掏出手枪连开数枪才把吴放倒，从吴的衣兜里掏出身份证，丢在草丛里，然后用汽油浇在吴脸上，点燃后逃离。谢宗芬有些害怕，白对她说只要听话，不把事说出去，就不杀她。白幻想还能杀人、抢大钱。

第二天早晨，白宝山和谢宗芬一起找到藏钱的地方，将钱取出，一共120多万，当晚到火车站买了返京的高价车票。谢宗芬要回四川，白给了她11万元，将她送上飞机，自己带着手枪和赃款回到其母家。

白宝山万万没想到，我们会在北京给他来个瓮中捉鳖。
白宝山因野性和贪婪使他走上了不归之路。

总结反思"鹿、白"两案

他不是不怕死，每次作案都是先开枪杀人、乱杀无辜，但最终他也死在人民手中。

◆ "鹿、白"两案总结反思

成功破获鹿宪州、白宝山两案，对首都公安工作和队伍建设有很大推动，认真总结、反思，对提高队伍的战斗力，加快强警步伐有着重要意义。

两案从发生到破案，遇到的艰难险阻，犯罪的残暴与疯狂值得我们警醒和深思。我想全体参战民警都能体会到什么是责任和担当、坚持和忍耐、惊心动魄和毫不畏惧。

那个年代，公安机关信息化水平不发达、技术不先进，装备落后。勘查靠经验、调查靠走访，破案工作很艰难，尤其是遇到"鹿、白"两案更是难上加难。但全体参战民警没有退却，而是凭着对党对人民的忠诚和顽强拼搏的战斗精神，迎着巨大挑战冲上第一线的。我们很重视现场勘查，从现场找证据、找方向、找破案线索。我们的法医、痕迹、技术检验员通过艰难细致的工作，为破案提供了有力线索，为抓获案犯后定罪提供了重要依据。他们最是默默无闻，也是和破案工作最是息息相关、不可或缺的公安队伍重要组成部分。为追踪调查白宝山作案使用的"75.81"子弹散发地区并寻找线索，辗转奔波7省32个县市的侦查人员，回来时又黑又瘦，他们这一路所付出的艰难是我们无法想象的，调查的结果为确定白宝山作案嫌疑提供了有力依据。一直坚持在地区夜以继日摸查可疑线索的派出所民警和巡逻堵卡寻机抓捕犯罪分子的刑警、巡警、防暴警及交警，他们更是艰苦又危险，始终战斗在破案第一线。他们调查了多少可疑线索，守候了多少日日夜夜，经受了多少艰难无法用言语说清楚。一次雨夜凌晨两点多，我到各个重要卡点查看设卡行动情况，见执行任务的民警站在雨里，依然认真地执行着自己肩负的任务，没有一个人放松戒备。回忆那时，我既欣慰又心疼，这样的日子他们一直坚守着，且一直持续着，直到案犯落网。更让我心酸的是，那些为保卫国家财产，临危不惧，敢于和持枪歹徒英勇搏斗，不怕流血牺牲的银行守护人员，他们是人民的英雄，我向他们致敬！破案离不开群众，"以车找人"就是在群众的协助下，从发现可疑盗车线索到"以车破案"起了关键作用，我也向他们致敬！还有我们的抓捕队员，在抓捕行动中不怕牺牲、听从指挥、勇敢机智，在没有伤亡的情况下，将两名案犯成功抓获，他们更是战场上的英雄，人民警察勇士。全体参战民警在"严打"关键时刻，经受住了前所未有的严峻考验。为保卫首都安全，保护改革开放发展，表现了对党对人民的无限忠诚，发扬了首都公安民警敢打硬仗、善打胜仗的光荣传统。

"两案"侦破，我们始终坚持依靠发动群众，采取"边打、边防、边建"的措施，对强化社会治安、提高防范能力，预防抢劫银行案件的再发生，起到了重要作用。

破获鹿宪州案时，在市领导的支持下，市局依靠发动群众这一法宝，延伸了公安机关的触角，拓宽了获取犯罪信息的渠道，应该说是打了一场漂亮的人民战争。"两案"的破获使我们进一步认识到依靠群众力量破案的重要性，也使我们更加坚定走依靠人民群众、专群结合的公安工作之路。

在总结报告中，我们毫不掩饰地提出，"从发案到破案整个过程中，有震惊和忧患、有纰漏和教训、有成功和经验"，应该认真总结，以利再战。"两案"出奇地同时发生对我和广大参战民警确实是带来很大压力。由于当时缺乏科技勘查手段，加之基础工作还薄弱，调查摸底有漏洞，有教训，给我很多思考。我向尉健行书记作了汇报，他鼓励我要坚定信心，并提出在总结时不仅要反映出破案存在的问题，还要反映出社会存在的问题。在全局总结大会上，我传达了尉健行同志的指示，对大家进行了鼓励，坚持从教训中总结经验。当时出租房屋也缺乏有序管理，私自出租、居住复杂，确实存在很多困难。但也反映了有的单位领导没有深入发动群众。如不是及时改变战术"以车找人"，这个案子恐怕一时很难破获。在总结鹿宪州案件时，我们坚持实事求是，先后修改了九稿，上报中央政法委并报给胡锦涛同志。后作为1997年1号文件发到全国政法系统。

1995年至1997年，北京市公安局受中央和市委、市政府、公安部表扬表彰最多。仅公安部向北京市公安局集体颁发嘉奖令就有6次，集体一等功21次，英雄模范集体3个。我说，为了强警，壮大队伍建设，提高战斗力，还要作最大努力。

我的从警生涯是战斗的生涯，经受住了党和人民的考验，"忠诚"两字一直在我心中。我热爱公安工作，并笃爱破案，因为它是同犯罪作斗争，捍卫国家政权，保护人民安全的神圣职业。公安工作离不开党的领导、离不开人民的支持，公安机关是党和人民的保护者。我坚信我的职业就是保护人民、为人民守护平安！

我的回忆录每一步都离不开破案、破大案，因为我是干刑警出身。打击犯罪离不开刑警，特别是在改革开放社会转型时期，为改革开放保驾护航，维护社会稳定，打击各种犯罪，破案任务更为重要。在我当了局长后不但没有离开破案，而且破案任务越来越重，侦破一些特大案件我都亲自任专案组长，这是同犯罪作斗争的需要。大家称我是新中国成立之初培养的刑侦专家，我不敢当，刑事犯罪形形色色，你中有我，我中有你，斗争非常复杂。我对破大案的认识，是从实践中学习的，也可以说是跟着每个时期犯罪变化学习的。我也像老中医那样学会为犯罪分子把脉，掌握他们每个时期的动态和犯罪心理，这一点很多老刑警都有这种体会。但破案需要胆量，不要怕失败，不要怕栽跟头，不要怕承担责任。我总是从失败中找经验，从调查漏洞中找出路，一手不行再用两手，以现场勘查为依据、为方向，始终坚定破案信心。破获鹿宪州、白宝山"两案"我是这样做的，破获其他疑难案件我也是这样做的。

我从当刑警到当局长，破获多少重大案件，我也说不清楚，但有一个经验，就是不管案件多大多复杂，也不管遇到多少困难甚至危险，只要抓住犯罪的规律和特点，下定决心坚持深入调查，不放过任何一个可疑线索，克服主观片面性，就一定会最终破案。关键是要排除各种障碍，从案情出发，对可能涉嫌的对象不能轻易否定，要多方面甄别调查。对作案猖狂隐蔽较深的嫌疑人更要防止其伪装逃避调查。一些犯罪分子多有伪装，也有保护伞，要透过现象看本质，准确确定嫌疑人身份。调查工作特别是排查重大嫌疑线索是破案的一大关，这方面的教训很多，我曾告诫刑警们破案一定要认真总结，要注重找教训，找调查工作的漏洞，不能一好遮百丑，要不断提高侦查破案能力。我说过，不会调查就不懂得侦查，就不会破案。当然，公安基层基础工作很重要，广泛发动群众协助破案更为重要，但侦破疑难复杂案件还是要发挥专业队伍的战斗能力。

我和广大民警每一时期的破案经过，都反映了当时那个时期犯罪变化规律和社会治安情况，反映了公安工作的发展和改革前进的规律！

整装待发

九 ◇ 强警之路

◆ 首都安全无小事

北京是我国首都，是党中央、国务院所在地，中央机关都在北京，是全国的窗口，也是国际交往的窗口。我上任当局长后，深深体会到"京官难当"且责任重大。"首都安全无小事"，"首都稳，则全国稳"，首都的安全稳定压倒一切！

随着我国改革开放的不断深入，来访的外国首脑和外宾不断增多，各种重大活动也不断增多，每年外事活动警卫工作众多，这是我国对外开放、对内搞活经济，社会进步的大好形势。但在改革开放社会转型期，随着流动人口的增加，国际资本的进入，流行文化的发展，多元价值观的泛起，以及经济高速发展带来的社会结构变动，社会治安状况日趋复杂，违法犯罪的主体呈现多元化，犯罪手段也日趋多样化，对社会造成的危害一时很难遏制，国内外敌对势力也乘机进行渗透、破坏。确保首都安全稳定是第一位要求。我和全体首都民警为保卫党中央、保卫首都、保卫改革开放，付出了极大努力并作出了重大牺牲。

我当局长后，不曾敢有一时一刻的懈怠，就连睡觉的时候，我的神经也是在紧绷着。我说我这个局长不好当，像走钢丝似的，每时每刻都在思考如何确保首都平安，确保党中央安全。我始终以政治坚定、敢于担当、勇于创新、艰苦奋斗为宗旨，无论遇到什么困难，都带领广大民警勇往直前。在我上任后，北京发生过几起惊天大案，我心里很不安。但我坚信只有带好队伍，努力工作，持续保持"严打"态势，严防敌对势力破坏和恶性案件发生，在打击犯罪、整治治安上狠下功夫，才能让老百姓放心。

中央对首都公安工作要求高、要求严，出点儿事就是大事，中南海很快就会知道。每当发生较敏感的事，我都第一时间到达现场，并及时报告市委、市政府、公安部，报告中南海，告诉发生了什么事，我已经到达现场处理。

我常说，我的任务就是为北京"看楼、护院、巡大街"，当好"京城卫士"！为此，我想，要适应改革开放新形势，应对社会治安复杂情况，必须强警，带领全体民警走强警之路。特别是在侦破鹿宪州、白宝山两大案件中遇到的困难，更使我认识到改革强警的重要性，认识到依靠群众力量坚持打防结合整治社会治安的重要性。破获"鹿、白"两案，已为我们改革创新打下基础，为依靠群众强警打开大门。我决心改变公安工作的封闭式管理模式，实现开放型警务模式，从基层做起加强队伍建设。经过不断实践，我大胆推行了一系列带有改革色彩的新举措。

◆ 争创先进派出所

我上任之初，就遇到了两大难事：一是群众强烈反映派出所门难进、脸难看、话难听、事难办；二是强烈反映交警夜间不接报警电话，造成堵车严重。我听到后心情很沉重。为什么群众反映的问题会发生在我们公安身上？各单位各部门都在做什么？人民公安为人民的誓言哪里去了？

针对群众反映进派出所的"四难"问题，我亲自下去暗访，发现有些派出所确实存在严重问题。一进门，值班民警低着头问我干什么。我说，有事找管片儿民警。回答说，不在，今天休息。我说，找所长。回答说，出去了。我说，能跟你说说吗？值班民

深入社区看望慰问市民

警抬头看看我，很不耐烦地说，我现在忙着呢。

市局党委会上，我听取了市局纪律作风整顿办公室汇报。我说，不要讲成绩了，不听了。教育整顿有没有成效，人民说了算，人民说不好，就是真的不好。党委会重新研究了教育整顿的重点，决定抓住群众关注的热点问题和与群众关系最密切的问题搞整顿，以此改变基层的整体形象。

我对群众来信来访很重视，上任后重新调整了市局信访处，规定了局领导接访日，提出有访必接、有访必办。对重要的来信来访要及时报告我。我对信访处的同志说，要敢于负责，当好警民之桥。

为改变派出所"四难"问题，市局党委决定在全局开展"便民利民"活动，深入进行爱民为民教育，使民警端正态度，牢固树立全心全意为人民服务的意识。我向全体民警提出，"要当人民公仆，做基层表率"，"要心里想着人民，办事处处为人民"，大兴便民利民举措。

市局首先决定，派出所必须坚持实行 24 小时开门办公，坚持值班制度，及时办理群众的事情。这一举措得到了广大人民群众的普遍欢迎，从而派出所工作作风呈现出新气象。

我认为创一流队伍，必须从基层做起。派出所是公安机关最基层单位，既是公安机关的窗口，也是联系群众的桥梁，更是强警的基础，必须做实做强。为此，借"便民利民"活动，我提出在全局开展"让群众满意在派出所""争创先进派出所"活动。先后组织 270 多个户籍派出所开展创"双百"活动，继牛街派出所被评为"全国模范派出所"后，又评出交道口、八角、月坛等100个优秀派出所和100名优秀民警。西罗园派出所民警杨秀奇等被公安部评为"全国优秀民警"。

我在派出所当过片儿警，知道派出所工作的苦衷。"上面千条线，下面一根针"，市局各业务部门工作都离不开派出所，派出所民警必须有承受力。要创新、加强派出所基层基础工作建设，发挥派出所职能作用，做到守土有责、保一方平安，必须提升派出所建制。为此，市局党委经向市委、市政府请示批准，将派出所建制由科级提升为副处级，并从机关下放一千名民警充实基层警力。这对改进和提升派出所工作，加强基层队伍建设，鼓舞基层民警士气起到了很大的推动作用，也为派出所基层工作开创新局面打下了良好基础。一时引来各地公安机关纷纷前来交流学习。这一建制延续至今。

◆ 打造一流首都交警

针对交警夜间不愿接报警电话及交通堵塞的问题，我连续几个夜晚到和平门和西单路口查看，发现交通堵塞确实严重。我以群众身份给交管局值班室打电话报警，连打两次都被挂了电话。第三次我直接告诉值班员说我是局长，正在现场，让他通知值班局长和大队长、中队长立刻到现场疏导交通。

当晚，我把交管局主要领导也叫去，严厉批评交警的不作为。我指出，夜间不接报警电话，造成车辆严重堵塞，群众意见很大，

向群众宣传交通安全法规

这是我们的失职。于是当场研究决定立即开通 122 报警电话，24小时接受群众报警和求助。同时，在容易发生交通拥堵地区增加执勤民警，延长执勤时间。我还要求在早晚交通高峰时间，从局长到大队长都要亲自上岗，加强交通疏导。在调查中，我发现主要路口因"黄灯"时间过长，经常发生相互抢行冲撞事故。为此，我提出应找专家论证缩短"黄灯"时间，避免借黄灯互相抢行而引发事故。

交通管理关乎城市大治安，影响方方面面。提高交通管理水平是一门大学问，涉及方方面面。为打造一流首都交警，我进行了多次调研，以交通管理和交警队伍整顿为抓手，有针对性地提出了一系列举措。

提升交警队伍建制

随着经济的迅猛发展，城市人口、车辆成倍增多，城市交通管理越来越重要，特别是改革开放以来迎宾任务很重，交警已成为"迎宾礼仪队伍"。交警队伍必须走上正规化。当时，交警在五大警种中排老末，交管局虽然属于二级局，但所辖的处、科、队仍属于二级处、科、队，这种建制很不合理，远远不能适应交通管理工作的需要。经请示市政府、市编办批准，将各区交通大队改为支队（正处级），中队改为大队（副处级），交管局所属的处、科、队行政编制与市局其他处编制一样，平衡了隶属关系，加强了属地管理。并针对迎宾任务和保证中央领导出行安全，成立了特勤队伍。这一举措对加强城市交通管理，保障改革开放发展，推动交警队伍建设起到了很大作用，队伍士气大振。全国各兄弟省市交管部门也都前来交流学习。

同时，为提升交通科学管理，培养专业人才，还加强了交管局科研所的建设，招进有专业知识的大学生和研究生，充实科研队伍，使其向着科学化、现代化管理发展。

我为交警站一岗

为亲身体验交警生活，促进交通管理工作，了解基层工作的疾苦，及时发现工作中存在的问题，我决定为交警站一岗，尝尝当交警的滋味。我苦练了两个晚上，学习交警指挥交通的手势和规则。当我站在天安门交警指挥岗台上，看见东、西、南如同大海的车流，脑子发晕，但我想要注意形象，马上镇静下来，按着

为交警站一岗

规则手势指挥车辆通行。有些司机认识我，到了岗台都伸出大拇指点赞，我想这就是群众要的安全感吧。为交警站一岗这次体验，使我更加了解了交警的辛苦和他们的责任重大。年复一年、日复一日、寒来暑往，冒着大雨、顶着雪花、迎着风沙、吸着汽车尾气。在这种恶劣环境下，每天站在川流不息的车辆和人群里指挥疏导交通，维护交通安全，是多么地不容易。我申请为他们增加了特殊岗位补贴。虽然只是一点点的补贴，但温暖的是他们的心，更重要的是激励了他们为人民群众服务的精神。

开通天安门长安街公交专用车道

为适应北京改革开放城市建设发展，方便群众出行，1997年6月，首都交警在全国率先启用天安门长安街公共汽车专用道，受到全国各地人民群众的称赞。后来公交专用道逐渐增多，引导了更多人们选择公交出行，缓解了交通拥堵，群众非常欢迎。这对交警是很大促进和考验。为保障首都交通安全，1997年11月，我们还在10个远郊区县、13条国道、58条交通干线成立了公路交警巡逻队，加强了流动或交通管理，450名交警为出入北京平安作出了巨大的努力。

学习济南交警热情服务

改革开放以来，随着社会进步，群众法律意识的提高，对交警纠正违章违法管好交通提出了更高要求，不仅要依法管理，更要热情服务。大家都说交警队伍难带，我深有体会。但我相信广大交警是有觉悟的，是一支有纪律的队伍、有光荣传统的队伍，主要看你怎么带，要尊重、关心他们，"从严治警也要以情待警"，要给他们学习提高的机会。在对交通管理提出更高要求的同时，也要帮助解决交警工作中的实际困难，让广大交警树立职业荣誉感和自豪感，逐步带出一支正规化的交警队伍。

1995年冬天，公安部在全国公安机关开展向济南交警学习活动，我抓住这次活动契机，借学济南交警为人民服务精神，在交管局开展了创一流首都交警活动，并在全局动员掀起学习高潮。

济南交警指挥交通是从北京学习的，北京交警向来以规范、严谨的工作作风闻名于同行。但济南交警不墨守成规，他们不仅学习了指挥交通的能力，更重要的是他们在纠正违章时，态度和蔼、礼貌待人，遇到司机和行人有困难时主动上前帮助，为司机群众设置饮水站和修车工具等，这些热心服务举措，受到广大群众的认可和表扬。江泽民总书记为济南交警题词："严格执法，热情服务"。

公安部在济南召开的学习济南交警大会上，请北京第一个发言，会前有很多议论。有的说你们北京是先锋模范，全国都去向你们学习，你们还用向济南学习？山东省公安厅和济南市公安局也担心北京不积极表态。

我深知此次学习交流意义深远，我们不能自大，要找差距。北京交警如果不打开新局面，不创新，将会落后，队伍也会难带。同我一起参会的交管局局长陈泽民及其他同志也同意我的观点和想法。在大会上我第一个带头发言，我说北京是首都，是全国的窗口，任何工作都应该走在前面，学习济南交警也应该走在前面，北京交警学习济南交警要"高起点、高标准、高要求"，创全国一流水平。我的发言博得了全场热烈掌声！

我回到北京后向时任市委书记尉健行同志作了汇报，他非常支持我的想法。我先后八次下基层与交警座谈，听取他们的意见，并参加交管局党委扩大会，吸收大队、中队干部参加。有些干部、民警对学习济南交警还不服气，我便从为什么要学习、怎样学习济南交警，讲到北京学习济南交警必须"高起点、高标准、高要求"，动员全体交警首先要端正态度，虚心找差距，承认在纠正违章时还存在态度生硬、对群众不热情、指挥交通还是老一套办法等方面的问题，强调要以服务群众为首要，解放思想，千方百计管理好交通秩序。此次会议我讲了三个半小时，思想上达到了共识，交管局从上到下开始练兵。

数九寒冬，在交管局长陈泽民的带领下，7000名交警经过苦练，创出了100个标杆交通岗、天安门长安街标兵街，树立了以苏俊栓为代表的标杆交警。全新的指挥形象、全新的服务态度，纠正违章先敬礼，这些新的执法规范使首都广大人民群众"为之一振、耳目一新"。尉健行书记和公安部领导亲自到场视察，赞扬北京交警敢于创新和为人民服务的精神，给予了北京交警很大的鼓励。

"让群众满意在派出所""争创先进派出所"，也是在创一流交警互相推动下开展起来的。从基层队伍抓起——树立全心全意为人民服务思想，为改革强警开创新局面，同时也改变了公安工作头重脚轻的现象。

这里，我也要为消防警说话，特别讲讲消防警的故事。在打造一流首都交警的同时，我也很重视消防警的建设。因为消防更是连着民生。有的老百姓对消防管理意见很大，我几次到消防部门调查了解，纠正了历来的以罚代管。同时，实行公开管理，广泛宣传防火知识，依靠群众、发动群众做好防火工作。消防管理在改革强警中取得了突出成绩。

消防是一支特殊的救援队伍，是防火救灾、抢救人民生命财产、保护人民生命财产安全的主力军。我最关心的是参加扑灭大火时战士的安全，我多次到消防中队看望消防战士，关心他们的生活

每年都参加消防日宣传活动

和训练。消防战士应该有先进的防护设施，但那时没有。他们勇敢地扑向大火中随时都有生命危险，时常有牺牲。而他们为保护人民生命财产安全从不怕牺牲。他们的那种战斗精神非常感人！我在离休后还曾担任消防协会会长。

1997年7月1日，是香港回归祖国大喜的日子，全国人民都在为这一重要历史时刻而欢呼！7月1日晚，中共中央、全国人大常委会、国务院、全国政协、中央军委将在北京工人体育馆举行"首都各届庆祝香港回归祖国大会"。而就在香港回归的前三天，位于通县东方化工厂储罐区因事故发生了一场惊心动魄的大火，高压球罐和油罐面临爆炸的极大危险！为保护国家财产和通县地区老百姓的安全，迎接香港胜利回归，参战消防队员冒着生命危险，冲进大火中紧急救援。我和消防总队长刘瑞祥及通县公安局局长解昆等第一时间赶到现场，一方面指挥紧急疏散附近的老百姓，一方面调动全市94辆消防车一千余名消防队员紧急驰援，组成一道道水墙灭火降温，防止爆炸。经过40多个小

东方化工厂救援现场

时的英勇奋战，成功保住了8个高压球罐、7个油罐没有发生二次爆炸和燃烧。火灾现场，消防战士个个都是英雄，手持灭火水枪在浓烟中爬在房上房下进行激烈战斗。有的战士在高温、长时间强体力作战下，耗尽了全身力气，极度困乏一时闭上了眼睛，但手里还紧握着水枪不放。贾庆林市长和其他市领导到达现场查看时，有人说："你看有的消防队员抱着水龙头睡着了。"我听了很气愤，当场驳斥道："你怎么不说消防队员累过劲了还抱着水枪不放呢？""这是生死战场，他能睡着了吗？"贾庆林市长说："是啊，消防队员坚守阵地，累过劲了，还抱着水枪不放，这种不怕牺牲的精神非常可敬！"大家的目光都在关注着战士们的安全。现场指挥部距离火场只有二三十米，有人让我们向后撤离，我说战士们都在火场上不怕牺牲，我们也不怕死！大火被扑灭后，我对贾庆林市长认真地说："如果那一时刻油罐发生爆炸，我们

香港回归前一天晚上，在天安门广场检查安保工作

都完了，通县老百姓也要受到很大灾难，香港回归也要受到很大
影响，真是要感谢全体消防指战员的勇敢作战精神。"这次灭火
抢险斗争在全国闻名，消防战士立了大功！贾庆林等市领导亲自
参加了表彰大会，给予了全体消防指战员极大的鼓励。

◆ 金盾之泪是我的痛

　　我真心爱部下，更爱那些拼搏在第一线的民警们，我不能
一一认识那些基层的民警，但四万民警都在我心里。

我容不得民警的牺牲，崔大庆、徐晋格、沈金柱等烈士的牺牲让我感受到了巨大沉痛，我憎恨那些罪恶之徒。

在我刚任局长不久，1995年3月11日凌晨3时，丰台分局丰台镇派出所副所长崔大庆带领民警执行传唤嫌疑人任务时，发现被通缉的杀人抢劫在逃犯于根柱窝藏在被传唤人的家中，崔大庆果断勇敢地上前抓捕搏斗，不幸中弹当场牺牲，民警甘雷也被击伤。

崔大庆同志是群众爱戴的优秀民警，1980年入警，1991年任副所长，对待工作兢兢业业，特别是对群众工作很热情，群众反映非常好。

我得到崔大庆牺牲的消息后不由得失声痛哭！崔大庆同志的牺牲给我敲响了警钟，不严厉打击犯罪分子，社会将不得安宁。

尽管逃犯已被迅速抓获，并绳之以法，但我心依然难安。当听说崔大庆留下偏瘫的父亲、体弱的母亲、不到三岁的孩子和贤淑的妻子时，我将当月工资和秘书手里的钱转交给崔大庆的家属，全局很多民警也自发地为崔大庆家属捐款。经上报，崔大庆同志被公安部追认为"一级英模"，被市委追认为优秀共产党员。在他妻子的要求下，市局批准了她接替崔大庆当了人民警察。

3月24日，市局在丰台区体育中心隆重举行崔大庆同志遗体告别仪式。首都数万名群众和五千名民警为他送别。在记者采访我时，我为失去这样一名优秀民警感到痛心，对记者说："崔大庆是我们的英雄榜样，我们全体民警要牢记他，重拳出击严厉打击犯罪，保护人民安全。"1997年，我为崔大庆烈士雕像致献鲜

在崔大庆同志遗体告别仪式上接受记者采访

花时说："自 1948 年以来，在我局的英烈谱上记下了 48 位烈士的英名，你们永远活在我们的心中。"

　　1998 年 7 月 29 日凌晨 1 时许，十九岁的巡警徐晋格，与三名战友在朝阳区三元桥巡逻时，突遇两名女青年拦车报警称一分钟之前被四名歹徒抢走两部手机和坤包。巡警们立刻分头追捕，冲在前面的徐晋格将一名歹徒逼进了一条小巷内。狗急跳墙的歹徒抽出尖刀，对扑上来的徐晋格狠狠刺去。徐晋格中刀后仍将歹徒压倒在地上，歹徒又向徐晋格连刺几刀。他的血正在流淌，他的生命正在飞逝，可他还是紧紧抓住歹徒的上衣襟，并对追来的战友喊："小心，他有刀！"我接到报告后难以接受……我要马上去看他，法宣处长毕庶琪劝阻我说，他们正在安置不便去。我擦掉泪水说："他才十九岁啊！我一再强调要保护好自己……现在怎么跟他的父母交代啊！"

第二天，我带着副局长刘德、政治部主任甄九庆一起去看望徐晋格烈士的父母。烈士的母亲下不了床，烈士的父亲强忍悲痛起身迎接。我悲痛地说："今天我们特意来，代表中央政法委罗干书记、公安部长贾春旺和市委书记贾庆林，来慰问你们！你们养了一个好儿子，他也是人民的好儿子，他的英勇事迹受到了社会各界的称赞。罗干同志要我们很好地学习他的精神。"烈士的父亲哽咽着说："我们的孩子做了他应该做的，一个人民警察应

1997 年 12 月 21 日，到丰台公园崔大庆烈士雕像前致献鲜花

看望烈士沈金柱父母及其儿子

该做的……"政治部的同志将市局的慰问金交到烈士父亲手中，又随后拿出一个小信封，说这是良基局长的心意。烈士父亲终于忍不住大哭起来，连连推让："领导来看我们就够了，钱不能要。"我痛心地说："我是个老警察，我也得表示我老警察的心意，感谢你们夫妇抚养培育的恩德，我也没有别的。"说到这里，我再也控制不住自己了，泪水滚滚而下。我如同发誓一般对烈士父母说："我们全局民警都要为你们的儿子报仇！"

1996年1月，崇文分局刑警大队刑警沈金柱在解救人质时不幸英勇牺牲。消息报到市局时，我正在主持召开党委会，当时我实在控制不住了，将分局主要领导叫来。我的眼泪像泉水一样涌流下来，"你们让我失去了一个好刑警啊！你们还我人、还我人啊！"

在一次会上我郑重地说："每一位民警都有父母、妻子（或丈夫）、儿女、兄弟姐妹，每一位民警在对国家、对人民负有责任的同时，也对他们的家庭负有责任。每一位民警都有权利尽情地享受青春、享受生活、享受生命。正因为我们的民警在执行任务、抓捕罪犯时，有可能流血牺牲，我们才不能容许民警轻易地流血牺牲，才竭力要求避免一切可能避免的流血牺牲。抓捕抢劫银行运钞车歹徒鹿宪州我是这么做的，抓捕杀人狂白宝山我也是这么做的。尽管十分危险，面对流血牺牲，但我坚决采取措施避免了！"我给大家讲了这些，要求各级领导都要深思！也许原市局二处副处长王令振，更能感受我这颗心。

一对夫妇报警说，他们的女儿被绑架，有人打电话声称知道他们女儿的下落，要他们拿六万元来赎。经查，两次电话都来自朝阳区光华路一带的公用电话亭，于是王令振带人对这一地带的公用电话亭进行控制。这天傍晚 7 点 20 分，一个鬼鬼祟祟的男子出现在光华路上，不前不后，他就走到王令振控守的电话亭，拨通了报警人家的电话，再一次进行威胁勒索。说时迟那时快，王令振向犯罪嫌疑人猛扑过去，犯罪嫌疑人掏出匕首拒捕，搏斗中王令振的腹部被狠狠刺了一刀。王令振带着伤和战友一同追赶夺路而逃的犯罪嫌疑人，终将犯罪嫌疑人擒获。

王令振被送进了医院，我得知后很心疼也很生气，不但没有去医院看他，还骂他无谋，"你身上带的枪哪去了？""你怎么组织的？""你是副处长还被扎？"王令振好委屈地说："我得身先士卒啊。"我说不能犯个人英雄主义，更不能盲目地铤而走险，这是和罪犯作斗争，要有智谋。我的心明镜一样，这样的好干部需要锤炼，给他勇气，也要给他智慧。我派人给他送去一大堆营养品。王令振是我的好部下，抓捕鹿宪州时我派他带领抓捕队，现场按着我的指挥成功抓捕。我虽然特别爱兵护兵，但有时也恨铁不成钢。

此前，在我没当局长之前，也曾发生"西直门枪战"。刑侦处几名便衣侦查员得知一名在逃犯在西直门勾结一伙流氓恶棍搞打砸抢，未经报告就前去抓人。这伙流氓纠集几十人持枪持铁器将两名侦查员打伤打残，一名侦查员被打瞎一只眼睛，我赶到现场紧急处置将这伙流氓全部抓获。这次教训很大，我也很痛心。

一次次教训之后，根据当时犯罪恶性升级的情况，我严肃提出今后抓捕主要案件嫌疑人，各单位主要领导必须亲自组织，要有抓捕方案，并报告市局批准，必须保证执法安全。

改革开放为群众提供了参加各种文艺体育活动的便利，特别是足球赛、演唱会居多，一次足球赛就需要八九千民警维护球场秩序和社会治安秩序，保护群众安全任务很重。当时警力有限，困难很大。

在警力严重不足的情况下，我想到为了更好地维护社会上各种活动秩序和维护社会治安秩序，应建立一支能服务社会的保安力量，警群结合共同做好安保工作。在一次警卫工作时，我把警力严重不足的情况和设立保安公司的想法，大胆地向一位中央领导作了口头汇报，没想到中央领导很支持，并强调成立保安公司

北京市保安系统严打斗争表彰大会

必须由公安局领导。在请示市领导、市编办后，1997 年 6 月，我们正式成立了由公安局直接领导的"市保安服务总公司"，列为市局编制，各区县公安分局和交管局也先后成立了分公司。我提出招收保安人员一定要严格考核、严格训练才能上岗。要严格管理，严格纪律，执勤必须由民警带，防止发生违法乱纪行为。几年来，保安队伍已发展到十几万人，为协助公安维护首都社会和交通安全起到了重大作用。这也是实现公安改革的一项主要措施。

◆ 新老接替承前启后

我接任局长时正是新老接替、退休比较集中时期，有些老同志已经到了离退休年龄还没有解决职级。我想这些老同志为公安工作干了一辈子，都是有功人员，我要为老同志光荣退休争取荣誉。经请示市委、市编办，我要了几百个干部职数，分别给了他们，一方面是对他们为首都公安所作贡献的肯定，另一方面也能让他们安度晚年。其中有一名老民警在传达室工作几十年，兢兢业业，根据他的警龄给了他三级警监，他很高兴。每天上下班都站在传达室门前，大家见他是三级警监都给他敬礼。我想这是民警干了一辈子所需要的荣誉。

"新老接替"是队伍发展的必然规律。一些老同志光荣离退休，新一代新生力量必须继承和发扬老一代的光荣传统。我常说：我是老公安的小尾巴，是新一代的传承人，承前启后，责任重大。

多年来，我切身感受到公安工作的发展和强大，需要年轻化、知识化、科技化。因此我主张大胆提拔起用年轻干部、培养接班人，特别是有学历、有文化、有专业知识的优秀大学毕业生。要逐步改变过去论资排辈的做法，坚持政治建警、科技强警，选择培养忠于党、忠于公安事业的年轻干部，让他们尽快走上各级领导岗位。当时公安队伍学历普遍偏低，自 1996 年开始，市局每年招进上百名大学生送到房山区韩村河训练基地，集中进行政治学习和专业培训。我想到对大学生培训，最重要的是学用结合，让他们快速成才。1997 年首次选择 92 名优秀生到科、所、队当助理，全面锻炼，有的很快走上基层领导岗位。有人说"集训班如同警察的西点军校"，出人才。同时我还鼓励缺文凭的年轻干部、民警到党校、夜大、成人学校补课，学费由公家报销。仅四年时间，全局大专

公开选拔，竞争上岗

以上学历从不到 10% 上升到 80%。

几年来，市局党委经过严格考核和大胆使用，提拔了一大批年轻干部，招录了几批年轻大学生、研究生，提高了队伍整体文化水平。1998 年 12 月，我们公开选拔提拔了 30 名处级领导干部。现在看到我带起来的年轻干部大多都成为人才，走上各级领导岗位，为公安事业发展作出了他们的重大贡献，我很欣慰！

我带兵有优点也有缺点，很多同志说是被我骂起来的，我承认，这是我的缺点也是我的优点。我永远不忘在战斗中流血牺牲的同志，"打铁还需自身硬"，好钢是炼出来的！要求越严越出人才，我对我的兵是坦诚的，无私无悔的。

根据中央精神，领导干部需要定期轮岗交流，我考虑到有些基层领导干部在原岗位上工作多年，特别是郊区县领导干部，很多都是土生土长的，开展工作靠人熟地熟，但也存有很多弊端，造成工作阻力。为此，我要求率先执行中央指示精神。

当时，市里干部交流还没有动，有些区县领导不同意，找我说情，我对他们讲了公安局现状和干部交流理由，尉健行书记很支持我的工作，对我说，干部交流不用说什么理由，交流就是交流。

我对找人说情的区县公安局干部说，今天你交流，明天他们也要交流，这既是中央精神，也是提高干部工作能力的台阶。他们都不说话了。

就此，1995 年至 1997 年 8 月，全局共交流了处、分县局长 78 人。实践证明，干部定期轮岗交流，对队伍建设和人才选拔有极好的促进作用。有的区县公安局领导干部，通过换岗交流，工作很有起色，改变了作风，增强了干劲，提高了领导能力。

公安队伍庞大、任务艰巨，行动又分散，单独执行任务多，我意识到治理队伍必须从"头头"抓起。我提出"抓四百带四万"，就是抓四百名处、分县局长以上领导干部，带动四万民警。

我认为"从严治警必须从严治长"，给他们权力的同时，要让他们知道作为领导的责任，要求他们带队伍首先要从自身做起，严于律己，正人先正己，要求下面不要干的事，自己先不要干，吃喝风要刹，人情风也要刹，提拔干部出了问题，要追究领导责任，工作出了问题也要追究领导责任甚至是主要责任。赏罚分明，干得好的要奖励，提拔使用，甚至不拘一格地大胆破格使用。

我常想"人无完人"，用人首先要看他是否忠于党、忠于公安事业。当然也要看他的工作能力，能抓住猎物的就是好猎手。十全十美的干部没有。所谓十全十美的干部不一定是好干部。

在反腐倡廉、整纪刹风时，尉健行同志曾问我公安局存在的主要问题是什么？我说主要问题是"吃拿卡要"，旧警察遗留下来的余毒。

说起来很可怜，一名交警借处理违章，竟然与违章司机换了一双皮鞋，我在大会小会讲真是丢人。尉健行同志说这也不能小看，我说恐怕还有更严重的。我们每年都在整纪刹风，有的民警说当警察真倒霉，一年整个七八回，说得尉健行同志都笑了。我是含着眼泪讲的。当警察是不容易，但不正之风必须整，而且领导要带头整。

我很爱护基层干部，因为我也是从基层上来的，我更能理解他们，但工作中出了问题，犯了错误，我一样是不留情面严厉批评，甚至开口骂人。但我轻易不处分人，很多领导都说我护犊子，我说不是，是向前看。犯过错误有过教训的人可能会干得更好，一定要给他们改正的机会！

◆ 创建警种专业队伍

尽管我受命于危难之时，大案连年之际，但我始终没有放弃自己的追求。我一直在努力创新发展公安工作，追求强警，带出一批新一代接班人，闯出一条新路，适应社会发展，适应改革开放新时期新要求。

可喜的是，在新征程路上，于 1997 年 12 月迎来了首都公安工作的新契机。在中央和市委市政府、公安部的大力支持下，市局建起了现代化信息化警务中心和交通、消防指挥中心，首都公安迈上一个大台阶，标志首都公安已走向科技强警之路。特别是"110"报警电话变成了"110"报警服务台，不仅信息流畅，更有利于服务人民。

有了信息化警务中心，我们首先为金融系统提升防范能力、加大科技投入，在城八区开通银行金融单位专用有线紧急报警网，1570 个金融网点分别与市局警务中心和所在分局"110"报警服务台联通。为调动警力快速反应，同时成立了紧急警务车上岗。并建立了"振远护卫"专用运钞车，至今仍在安全运行，没有再发生过抢劫银行和运钞车案件。建起了空中、地面、网络三维立体防控体系。

有了新科技、新装备，还要有新队伍，培养专业人才。我经常在想，如何建设专业化队伍，使警种真正强大起来！

检查指导"110"报警服务台运行情况

当时，社会治安仍很突出，并出现了很多新情况新问题，特别是突发性偶发性暴力案件时有发生，加强打击防范工作更为重要，所以需要从实战出发，创新发展公安工作。

我提出大胆尝试"创建各警种专业队伍"。首先在特警、刑侦、治安、交通管理、户籍管理警种中，成立防爆、安检、交管特勤、经侦、缉毒、强制戒毒及外来人口管理、涉外饭店管理等适应改革开放、具有公安时代特色的专业警队。并充实加强刑事技术和交通科研机构建设，强化培训各种专业技能知识。有了专业警队很大程度上增强了实战能力，可以重拳出击打击严重犯罪特别是暴力犯罪，快速处置突发性案件。另外，专业警队的建立也对培养专业人才、加强队伍建设提供了有力保证。几年来在实战中，我们选拔了一批批有作为有贡献的年轻干部。为了科技强警，市局还为专业技术人员改善工作条件、创造宽松环境，为他们升级待遇做出很大努力。并在七里渠建起法医解剖和痕迹检验室，使

参加第十五次全国党代会时，在天安门广场接见女巡警

我们自己很快有了专家，高级工程师。如刑事技术科研所几任所长高光斗、朱翔等都成为公安部防爆和痕迹鉴定顾问。副所长陈建华被评为"全国公安科技人才"和"全国公安二级英模"。警犬队队长张德贵也成为训犬专家、高级工程师。

在成立巡警和特警时，我特意将这两支队伍放在大兴天堂河农场坚持训练，每天操练"擒拿格斗和警方战术"。并组织特警队员每周爬香山一次，既锻炼身体又操练技能，很快便能进入实战。为保持体能，我为他们申请饭补，大家干劲很足。巡警分配到各区县增强了巡逻力量，使群众更有了安全感！

在北京市公安局警务督察大队成立大会上作动员讲话

天安门女子交警岗成立

　　为了进一步强化对天安门广场的巡逻守护，更好地为人民服务，我还组建了女子巡逻队和女交警岗哨，充分展现了女警察的风采。

　　后来，为做优做强专业队伍，增强战斗力，在各警种专业队伍中又先后增设了二级处、队，就是现在的支队，成为各警种的支柱。我说过，"公安队伍人才济济，基层有实力，要给他们发展发挥的广阔天地"。

为加强依法治警，使队伍健康发展，1997年6月，我们在全国率先成立了第一支"警务督察大队"。此前我们还聘请了社会各界知名人士14人为警风监督员，发挥社会各界对公安机关公正廉洁执法行动的监督作用。

1997年2月11日，《北京晚报》第一版刊登过一篇题为《公安局长三敬礼》的报道。这是我在海淀分局中关村派出所向警风监督员征求意见时，如实汇报公安工作存在的问题，诚恳请求广大群众对公安工作批评监督，并三次站起来向大家敬礼。全国政协常委、原中科院副院长李振声说："良基局长今天这第一个亮相就很好，让我们感到很亲切。"1998年4月29日，市局举行执法大检查和纪律整顿第四次动员大会，我请了警风监督员参加，听完我的动员报告，全国人大代表、北京朗诵艺术团团长殷之光激动地上前一把将我抱住了："谢谢你，张局长，你没把我们当外人，我们一定帮你们把工作做好！"

为加强街道和小型企事业单位治保工作，我们对全市4746个治保会也组织评选，评出先进治保会1047个，树立先进治保积极分子标兵10人，改进并推动了治保会队伍的建设。

实践证明，改革强警连着民生，离不开群众支持，强警必须依靠群众、依法治警。有了专业队伍、监督机制和较强的群众基础，定能为强警发展和警务体制改革创新打下了良好基础。

十 ◇ 印记

◆ 离休之前最后一战

邹竞蒙被抢劫杀害案，是我离休之前，最后破获的一起特大案件。也是影响最大，惊动京城乃至全国"两会"的特大案件。

1999年2月22日（正月初七）晚7时许，国家气象局名誉局长、全国政协常委邹竞蒙到海淀区当代商城购物，出来后准备开车时，被三名持刀歹徒堵在轿车里，抢劫其手提包。邹极力反抗，被两名歹徒按住，用弹簧刀连刺数刀致死，歹徒将邹的手提包抢走（包内有手机和全国政协证件，无钱）。

当时，正值全国"两会"召开前夕，中央领导和参加"两会"的人大代表、政协委员对此抢劫杀害案都非常关注。

案发后，我迅速调动参战民警开展侦破工作。根据犯罪分子作案特点，我当即判断是东北流窜犯作案。

赶赴案件现场

我分析犯罪分子没有抢到钱财，还不知道被抢劫杀害的是什么人，一定还会在北京继续作案。

当晚，我立即部署"关门打狗"的行动计划，堵住所有出京路口和火车站、长途汽车站，集中警力在市区内摸查各旅店、招待所及出租屋。

我意识到，为保证"两会"绝对安全，必须争分夺秒迅速破案。我向上级领导立下军令状："十天之内破案"。有的领导对我提出"十天破案"比较担心，但我决心已下，认为对付流窜犯，就是要以快制快。

破案战斗打响了，参战民警不分昼夜，反复摸查犯罪分子的落脚点。我提出"三不漏"：摸查不能漏；打击现行审查不能漏；派出所收容不能漏。为了调动参战民警的积极性，我告诉他们，犯罪分子就在我们眼前，东北流窜犯胆大，不会跑远。

　　经过周密侦查，很快发现了由东北来京的流窜犯线索，参战民警昼夜不停不歇、连续作战，终于第九天在东城区某旅店抓获了由齐齐哈尔流窜来京的两名犯罪嫌疑人。经审讯追查，在西城区某招待所又抓获了另一名犯罪嫌疑人。并在其住所搜查出被抢手提包内的政协工作证和气象局用信笺纸等。经海淀分局预审员连夜突审，三名犯罪嫌疑人全部供认了抢劫杀人的犯罪经过，并交代将手提包内的一部手机由主犯马某卖掉。此案经人民法院审理，凶犯马某、江某被判处死刑，韩某某被判处无期徒刑。

　　案件迅速破获的消息传出后，很多全国人大代表、政协委员纷纷称赞北京公安民警干得好，全国人大常委会副委员长田纪云高兴地祝贺北京公安民警为保卫"两会"安全破案有功！称赞我功不可没！江泽民总书记亲自给我打电话，问了破案经过，表扬了参战民警！公安部为参战民警荣立集体一等功！我在全局大会上特别表扬了海淀分局参战民警的拼搏精神，因为他们压力最大，付出最多，应该把破案的主要功劳记在他们身上。

　　这个案子能在十天内破获，既是全体参战民警团结奋战的结果，也是经验和智慧给了我们力量，果断采取措施，从时间上赢得了胜利。应该说是改革强警的成果，锻造了一支快速反应、能打硬仗的专业队伍。

◆ 为改革开放创新环境

我国对外开放与国际接轨，我多次出国办案进行友好访问。1987 年 5 月，我当处长时曾受公安部刑侦局委托，组团赴德国威斯巴登刑事警察局，参加第九届国际排爆排燃专家工作会议。这是我第一次走出国门，开阔眼界。这次出国学习丰富了我的反暴防爆知识，对我后来加强反恐防暴工作有很大帮助。

苏联解体后，我先后去俄罗斯首都莫斯科三次，与莫斯科警方建立了密切联系，并在工作中与俄罗斯内务部副部长兼莫斯科内务总局局长库里科夫中将结为好友。前两次去莫斯科一是配合我国使馆处理中国市场被洗劫事件，二是同铁道部公安局破获 K3 次国际列车上发生的车匪路霸案件。第三次去莫斯科是在 1998 年 11 月，为加强双方友谊率团访问，与莫斯科内务总局正式签订两地友好交流议定书，并帮助中国大使馆与莫警方建立联系。此行参加了俄罗斯"警察节"活动，我被邀与俄罗斯内务部长谢尔盖·斯捷帕申拉站在排头，向牺牲烈士献花圈，访问很成功。

为走出国门交流学习，建立友好往来关系，我还先后对泰国曼谷、奥地利维也纳、匈牙利布达佩斯、韩国首尔、荷兰阿姆斯特丹、日本东京、加拿大多伦多及美国洛杉矶等城市进行友好访问。与曼谷、维也纳警方建立友好往来关系，与韩国首尔特别市警察厅签署友好交流协议书，开创了北京警方对外交流的先河。

香港回归后，我也率团对香港进行了考察。在之前深圳成为特区，我也曾多次去深圳调研，我认为深圳的今天就是北京和内

1998 年 11 月，率团友好访问莫斯科内务总局
与库里科夫中将签署两地友好交流议定书

地的明天，西方文化会很快通过深圳这个改革开放的窗口影响到
内地。当时深圳已传进卡拉 OK、夜总会等。我想随着改革开放的
不断深入，社会治安会敏感尖锐，管理好社会治安是公安工作的
大事，对治安管理要有新的认识、新的理念。我在向市委、市政
府汇报时，对社会治安形势的变化及应对策略提出了建议，并提
出要按中国的法规逐步进行。"发展是硬真理，稳定是硬任务。"
我考虑与国际接轨，使执法环境适应新的变化，要有力打击境外

1997 年，率团访问韩国首尔特别市警察厅签署友好交流协议

1997 年，参加亚洲地区缉毒研讨会

1998年，参加国际刑警组织代表大会并在大会上发言

渗透犯罪，维护我国社会主义特色，不能让资本主义国家的腐朽现象在中国滋生。这一时期，在加强反暴防爆的同时，我还组织集中清理打击了乘开放之机滋生的各种违法犯罪活动，包括一时兴起的以开"小理发店、洗脚屋"为名组织卖淫嫖娼活动的黑店，以及一时疯狂的"摇滚迪厅"等。后发现境内外勾结走私活动和贩毒、拐卖人口严重，我亲自带队并在广州、深圳、珠海公安机关的配合下，连续出击，破获十多起走私汽车、烟酒和贩毒、拐卖妇女、贩卖人口等重大案件，为改革开放发展做出了重大努力。

改革开放初期的90年代是非常特殊的时期，随着与国际接轨、经济快速发展带来的流动人口剧增，大事连年、大案多发，社会治安很不稳定。公安机关的传统工作方式已明显不适应改革开放形势，改革公安工作思路、模式，解决体制机制及深层次问题迫在眉睫，我感到必须改变封闭式管理，实现开放型警务模式。为适应对内改革对外开放新形势，闯出一条新路，我决心带领广大民警走改革强警之路，以改革统揽全局，大胆实践，推出一系列改革举措，使首都公安工作有了新的发展、新的面貌。

我当局长后承担的任务也越来越繁重，1997年1月兼任武警北京总队和武警北京第二总队第一书记、第一政委；1997年3月又任命我为北京市市长助理、市委政法委副书记，仍担任北京市公安局党委书记、局长。连续被选为北京市第八次党代表大会代表、北京市第十一届人民代表大会代表，中国共产党第十五次全国代表大会代表，第九届全国人民代表大会代表。1998年2月，市第十一届人大常务委员会第一次会议又选举我连任公安局长。虽然我的职位提升了，有了荣誉感，但我对公安事业的追求并没有停步。

1998年9月，我晋升为副市长级，同时经国务院批准，我的警衔晋升为副总警监。当时我已经64岁了，这对我是莫大的鼓励！为站好最后一班岗，我仍在努力工作。

从当副局长到当局长，两个五年里，我经受住了很多重大考验！我靠的是一个共产党人坚强的党性和意志，也靠的是广大民警的全力支持。我热爱我的事业，愿为除恶安民奋斗终身。和罪恶打了一辈子交道，却总是保有那么一股激情，这激情奔腾在我不衰减的工作劲头中，奔腾在与人间罪恶不妥协的斗争中。

我喜欢走那些起起伏伏、坑坑洼洼的道路，人生、事业里很多时候是走在崎岖的道路上。我当了局长，正是北京公安史上的特殊年代，一切重担都压在身上，压在时时绷紧极度敏感的神经上和不断加码的工作要求里。我深深感受到了这种沉重和压力，

参加第十五次全国党代会

但更多的是这份责任。我说过，生命必须有承受之重，"没有压力就没有动力"，我就是这样走过来的，"历尽磨难痴心不改"。我想广大民警、很多战友也是这样走过来的，与时代共进，不忘初心和使命！在党爱党、在党言党、在党忧党、在党为党，始终保持共产党员忠诚、干净、担当的本色。

1998 年 9 月晋升副总警监警衔

十一 ◇ 新征程

◆ 光荣离休

1999年3月31日，我退居二线光荣离职休养。中央政治局委员、市委书记贾庆林亲自主持欢送会并讲话，市委、市政府有关领导参加了欢送会。

贾庆林同志代表市委、市政府，对公安局本届领导班子和我个人的工作给予了高度评价，评价我"为首都的发展和稳定作出了重大贡献"，这不仅是我个人的荣誉，也是全局的光荣。

我在会上表态：市委决定让我退下来，是对我个人的极大关心和爱护，也是为我五十五年的革命生涯画上了圆满的句号。我是一个农民的儿子，几十年来在党和人民的培养教育下，由一个普通战士一步一步走上领导岗位，特别是在我任局长的这不平凡的几年里，靠党和人民的信任及四万名民警的全力支持，战胜了一个又一个困难，较好地完成了维护首都社会政治稳定、保卫党中央的神圣使命。我们这届市局党委大事连年，经历了从未遇到过的沉重压力，经受了各种严峻考验。全局上下团结一心，同舟共济，历尽艰辛，攻坚克难，不辱使命，没有辜负党和人民寄予的厚望。几年来，我们坚持以改革统揽全局，坚持政治建警、科技强警，不断开拓进取，使首都公安工作和队伍建设取得了显著的进步。实践证明，我们这支队伍是党和人民完全可以信赖的，是能打硬仗、善打胜仗，有很强战斗力的队伍。对此，我感到十分骄傲和自豪！作为我个人，性情中人，有时比较急躁，工作中曾严厉地批评过一些同志，但我对大家是坦诚的、无私无悔的。今天我虽然退居下来，但我依然心系首都公安工作，心系首都四万名公安民警。我要按照一个共产党员的要求，尽我绵薄之力为首都公安事业继续作贡献！

在欢送会结束时，全体参会的公安民警都站立起来，为欢送我热烈鼓掌。贾庆林同志对我说，你看你的民警对你多好，多留恋，多尊敬！

我担任市长助理、市公安局长，中央组织部批准我为副市长级，国务院授予我副总警监警衔。大家都说我是"九门提督"，很多领导和群众都称我是破案专家、中国的"福尔摩斯"，以破大案著名。究竟我的分量有多大，我自己也不清楚，我只知道尽职尽责，为"平安北京"作贡献。我觉得，保卫首都安全不得有任何的掉以轻心！我是党的第十五次全国代表大会代表，是全国第九届人大代表。我曾在全国人大代表大会上发言，"发展是硬道理，稳定是硬任务"，第二天就登在《人民日报》上。

我退下来时，在很多地方老百姓见了我都很热情，主动跟我打招呼，说我太累了，让我好好休息。一次我在黄山遇到北京某中学教员和学生们。他们在山下一直等着我，说他们是我的"粉丝"，知道我破了很多大案，非常崇拜我，邀我一起和他们合影留念。

还有一次在顺义路口等车，几个等车的人认出我，都上前问候我，说我破了那么多大案为北京老百姓的安全作了贡献。还说我为老百姓做了很多好事，都忘不了我。

一个曾经被劳改过的人，在他自己开的小饭馆见到我，非常热情地上前跟我说话，说了他自己的情况，很感谢政府。他见我是一个人出来吃饭，觉得不安全，叫他的朋友开车过来非要送我回家。

一个傍晚，我在故宫河沿散步，两个拉着外国游客的三轮车夫，正在给外国游客讲故宫的故事，看见我老远就喊，张局长你好！并对外国游客说，他是我们北京公安局老局长，可棒了！向我伸出大拇指，并喊着让我好好休养。看到老百姓对我的这种情怀，我很感慨，很满足，想起这一幕幕我时常感动得流下热泪！

我有一种强烈的感触，做人做官都要为人民，你心里想着人民，人民也会想着你。记得当年我在王府井十字路口，帮助交警疏导交通时，很多司机和行人看见我都伸出大拇指，我想这就是人民群众想要的安全感。我当局长时，有很多应该做的事还没有做，留下了遗憾，而人民群众理解我，不忘我。

我退下来后，也很想念我们的民警，自己也曾流过眼泪，他

不忘初心，牢记使命

们也很想念我，很多民警都给我秘书李庄打电话问候我，让我保重身体。一个所长知道我在饭馆吃饭（有一段时间家里没人做饭，我就在近处随便找个饭馆填饱肚子），在饭馆门前等了我多时，见了我眼泪汪汪，感谢我对他的教育和帮助。一次七八个所长副所长跑来看我，诉说对我的感情。对我说，他们现在都有了进步，有的当了所长，有的当了副所长，让我放心。有的基层民警并没有见过我，听说我到哪里都来看我，我很受感动。他们说我对基层民警最爱护，工作虽然要求严，但干得痛快，说我爱兵、护兵、也敢用兵。

我离职后，没有再干别的职业。虽然有很多单位和朋友想聘请我当顾问，但我都没有去。我想我当了一辈子警察，特别是刑警，任何时候都不能改变我的初心！

◆ 坚持调研

2001 年 9 月，公安部党委聘请我为公安部咨询委员，后来又聘我为中国警察协会特邀顾问，我也曾担任过首都见义勇为基金会名誉会长。我怀着对公安工作和对广大公安民警割舍不掉的情感，每年都在为公安改革和发展做调研。看到新一代人民警察的壮大发展，我从心里感到高兴。这就是我晚年最大的安慰！

我的调研跟着时代走，为了公安改革发展，也为了首都新一代人民警察！虽然我已经退居二线离休，但我不忘初心，牢记使命，昂首走进新时代！

调研途中留念

我离休后，一段时间身体很不好。由于多年过度疲劳，腰腿都有毛病，301医院外科王主任说我腰肌劳损很严重，已经变成"豆腐渣"，腰椎也有变形，让我卧床休养。但我哪里躺得住，硬是站起来坚持运动锻炼。我爱好打球和走路，后来身体有所好转。自2002年，我便开始对公安工作和公安队伍建设进行考察调研。从繁华都市到偏远山区，我走出去、下基层的每段路程，都使我视野更开阔、思想更豁亮，并深知任重而道远。

公安部每年都下达调研任务，在许多地方的深入走访，我看到普遍存在一些这样那样的突出问题。我的调研，如实反映了基层情况和我的思考意见。

公安工作应深入改革

（摘自2002年9月调研报告）

随着我国对内改革、对外开放的不断深入，公安工作的若干深层次问题也随之显现。特别是在我国加入世贸组织后，我国开放型发展很快，国际间交往日益频繁，涉外警务工作也不断增多。偷越国境犯罪、跨国经济诈骗犯罪、毒品犯罪、洗钱犯罪、环境犯罪、网络犯罪、危害国家安全犯罪和恐怖活动及带有黑社会性质的有组织犯罪大量增加。

大批流动人口尤其是农村人口纷纷流入城市，北京尤为突出，街头、桥洞露宿人员很多，由此引发了许多社会不稳定因素，也给维护社会治安秩序增加了很大难度。

我在调研中建议，公安工作必须改变封闭式管理，迈上开放型、现代警务模式的发展道路。与国际接轨，提高执法水平和驾驭复杂局势、处理复杂问题的能力。要坚持中国特色社会主义，防范、抵制敌对势力"分化"的图谋；广大民警要走到群众中去，掌握人民内部矛盾发展向着利益矛盾集中的基本态势，努力改进公安工作。

自 1992 年《人民警察警衔条例》、1995 年《人民警察法》颁布以来，警察法制建设进入新的历史阶段，体现了公安机关的性质、任务和特点，警察职业有了法律保障，广大民警工作充满力量，并期盼正规化建设早日实现！

坚持"严打"但不盲目

（摘自 2003 年 10 月调研报告）

自中央统一部署全国进行多次统打、"严打"斗争及专项打击行动以来，社会治安秩序明显好转，收效很大。但犯罪活动有一伏就有一起，这是犯罪规律，也是我多年的工作经验。

现在我国还处在改革初级阶段，社会矛盾凸显，新型犯罪不断发生。特别是带有黑社会性质有组织犯罪团伙比较嚣张，他们上面有收取利益的保护伞，下面有唯利是图的打手。互惠互利、各取所需成为他们之间的纽带和链条。这些人嚣张跋扈、肆意妄为。通过违法犯罪活动及暴力、威胁或其他手段获取利益，为非作歹，欺压、残害群众，很多老百姓深受其害！

有人认为"严打"过时了，我认为"严打"方针不能变，"严打"势头不能减，防范工作要加强，这既是公安工作维护社会秩序长治久安的任务，也是整治社会治安的基本策略。打防结合、打防并举缺一不可，两手都要动，两手都要硬！

为了预防和打击具有黑社会性质的组织和其背后的保护伞，我认为在"打防结合，预防为主"的格局中，公安机关必须毫不犹豫地始终把打击各类犯罪放在首位，把打击严重刑事犯罪作为主攻目标。同时不能"就打而打""为打而打"，在打掉犯罪分子嚣张气焰的同时，防范工作必须紧紧跟上，做到打中有防、防中有打。只有这样才能有效避免"边打边冒""越打越忙""打后反弹"。

我国已逐步进入法治社会，必须坚持依法治国，过去统一行动打击某一种犯罪，极有可能出现一些地区无对象可打，统一行动存有盲目性。但对一个时期出现的严重突出犯罪，必须开展专项集中打击，坚决维护国家和社会安定，维护人民的利益。

维护民警执法权益

（摘自 2006 年调研报告）

为维护民警的执法权益，2006 年我也先后到广西、贵州进行

调研报告手稿

调研，走访了北海市、贵阳市、安顺市、遵义市等地的多个县市公安局、派出所，并通过接触不同层面的人大代表、政协委员和警风监督员及媒体记者，了解民警执法权益情况。

在新的历史时期，随着执法思想和执法环境的改变，公安机关面临着巨大的挑战。

一是暴力抗法和袭警事件时有发生；二是恶意诬告事件增多；三是执法监督不理想，民警执法顾虑重重。民警的正当执法权益得不到保障。

如香港某公司在贵阳市投资搞开发，因拆迁与当地农民发生纠纷，数百名农民到这个公司交涉发生激烈冲突，民警出警被这个公司职员用灭火器喷射，致使一名民警受伤。当地有位领导到现场执意保护投资商，对民警多有指责，对袭警人也未追究。

又如，北海市一个县的农民与外商公司发生土地纠纷，县法院裁决外商公司胜诉后执行有困难，县委、县政府命令公安局介入。县公安局派200名民警协助县法院强制执行，遭到400多名村民拦阻，有20多名民警被推搡或殴打致伤。为避免事态扩大，县公安局长现场果断决定撤回民警。

我了解到近年来，城市拆迁、农村土地征用、国企改制等种种社会矛盾增多，由于处理不当，群众有对立情绪，公安机关往往处在风口浪尖的矛盾前沿，成为群众发泄不满情绪的"出口"。代替某些部门、企事业单位受过。

现在民警执勤执法无故受侵害的现象时有发生，大量非警务行动压在民警身上，严重影响公安机关在群众中的威信，势必造成执法难，群众不支持。民警在精神上受到很大压抑，觉得当警察没有荣誉感。

同样情况北京也有发生。我认为这样发展下去问题很严重，对无故打骂、诬告诬陷民警人员要依法从严处理，维护民警的执法权威。各级督察部门在严格监督民警执勤执法的同时，也要敢于为民警说话，遇到闹事者要为民警伸张正义、打气撑腰，不能让我们的民警在工作当中再"步步惊心、如履薄冰"。建议对非警务行动应该有个明确说法，依法予以限制！同时，对加强和改善民警执法权益的保障更应该引起高度重视！

基层民警的苦

（摘自 2007 年调研报告）

我在多地走访调研时，了解到基层，特别是边远贫困地区公安机关的民警工作很艰难、很辛苦。他们工作强度大、待遇低、办公环境简陋、设备和编制人员缺少、管辖范围大，甚至有的公安基层领导身兼多职，一个人要干几样活儿。长此以往，民警承受巨大的心理压力，身心俱疲！

我在一个县里见到一个派出所长的办公室，除一张破旧的办公桌外就是一张破旧的床。我问他的级别，他说原来是股级，现在"股级"取消了，不知道是哪一级。又问他的年龄，他说五十多岁了，干了一辈子公安。说这句话时，他黑瘦的脸上，满是自豪！在问到他为什么没有找上级反映他级别的问题时，他说他在这个位置一天，就为老百姓干一天实事儿，其他的没想过。我为他感

2006 年，赴安徽和县乌江镇派出所调研

到自豪，但也很心酸，这恐怕就是公安情结吧！我从自己兜里掏出所有的钱，大概2000多元交给他，让他购买点儿实用物品。

由此，让我想到很多在基层的老民警，参加工作几十年，级别、待遇一直很低，却依然坚持战斗在第一线。他们值得我们尊敬。建议关心公安工作、心系广大民警的领导多到基层走走，给这些基层民警更多的关爱，了解并解决他们的需求，让他们在前进的路上会更多一份无怨无悔、义无反顾，让我们共同铸就"金色盾牌"。

如实立案、强调证据

（摘自2008年至2012年调研报告）

此后的几年里，我根据每个时期公安工作出现的新情况、新问题，也写出诸多调研思考，如《刑事案件必须如实立案，强调证据意识》。不能因综合治理"一票否决"人为地规定发案数，严重影响刑事案件正确立案和如实统计。建立严格执行接警、立案制度，有警必接、接警必查。

各级公安机关要树立全面证据意识，以实现刑侦工作改革与进步。现在严重存在不出现场、不采集证据的情况，只能破案后听犯罪嫌疑人的口供，失去很多案件破获机会，串并案的概率减少。应该充分利用现代高科技手段，大量收集各种犯罪遗留的痕迹、物证，进而实现公安网上DNA、指纹、痕迹等信息资源共享。破案工作一定要根除口供至上的观念，树立全面证据意识，要有重证据、重调查研究、不轻信口供的侦查观念，使每一个侦查人员都具有强烈的证据意识和高超的取证技能。

之后，对当前互联网监管状况也进行了调研与思索，分析了互联网监管面临的新挑战、存在的薄弱环节，提出治理建议。

为首都公安改革尽上一份力量

党的十八大和十八届三中、四中全会，标志着我国已进入全面深化改革的历史时期。习近平总书记在中央政法工作会议上和听取公安部工作汇报时强调，"要大力加强公安队伍正规化建设"，并提出公安改革"要注重从体制上机制上下功夫"。在对北京工作批示中，强调"首都的安全稳定在全国社会稳定大局中具有特殊重要意义"。

这是党中央对公安工作和公安队伍建设的极大关怀！也给我的调研工作指明了方向，我决心为公安改革特别是首都公安改革尽上自己的一份力量。

我在北京从警五十三年，从基层民警到局长，为之倾注了满腔热血，对首都公安工作和广大民警有着深厚的感情，深知他们身上所担负的责任和分量，也懂得首都民警那份独有的荣誉感和自豪感！

首都公安改革应走在前列

（摘自 2014 年至 2015 年调研报告）

2014 年和 2015 年，在市局政治部领导和有关同志的协助下，我深入基层走访座谈，先后走访了多个分局、派出所和市局直属单位，参加了各单位领导干部和基层民警座谈会若干次，听取了解基层民警的反映和意见。大家都毫无拘束地向我反映了基层民警的状况和困惑，希望尽快改革现状。

在与基层民警的接触中，我发现他们尽管工作压力大、困难多，有时也有怨言，但他们的斗争意志顽强，能克服一切困难坚决完成任务，充分体现了人民公安为人民的优良作风。

2014年，我写了《首都公安工作急需现代化改革》的调研报告。提出首都公安必须走在改革的前列，这是由首都公安的特殊地位和特殊任务决定的。首都防恐维稳是第一位，抵制境内外反华势力渗透是重头戏。

首都公安工作面临的"三高性"即高敏感性、高对抗性、高负荷性，反映了首都人民警察担负着重大而艰巨的任务。广大民警长期加班加点，超负荷工作已成为常态，但广大民警自始至终保持着高昂的战斗精神。

我在调研中也如实反映了很多民警因长期超负荷工作，身体状况堪忧。反映了民警工资待遇偏低、不如有些大城市。没有体现特殊岗位超负荷、强应急、高风险的职业特点，民警的职业保障没有落实。

职称职级也偏低。阐述了亟需改革的重要性。

2015年，根据中央精神和广大民警要求，公安部制定了《关于深入推进公安队伍正规化建设的意见》，要求公安部咨询委员参加调研。终于看到了新一代人民警察走上"正规化"道路的前景，我很高兴，这对我们离退休的老公安是莫大的安慰！

我对正规化建设调研的思考

一是正规化建设必须与深化改革同步推进。人民警察是战斗实体，应实行动态管理，特别是基层单位不适宜机关化，应作为特殊职业实行单列，改革体制、机制，完善人民警察序列，创新现代化警务模式。《人民警察法》应该尽快修改，人民警察正当执法权益应当受到法律保护。

二是要加强顶层设计。精简上层充实下层，改变现在"倒金字塔"型的警力结构，把重点放在基层警务改革上，将机关化作风转变为作战实体，实行实战化、动态化、信息化的管理体制。现在基层意见最多的是上下一般粗，上面设立一个机构往往要求下面也要设立，造成机构职能交叉，警力分散。

三是改革管理指挥体制。着眼提高队伍的战斗力，特别是基层领导干部的管理指挥能力。应减少指挥层级，减少行政管理部门，加强专业警种队伍建设，搞大部制、大警种建设，培养专业人才。

现在有的基层领导对科学用警认识不足，指挥能力不强，认为上警力多了才放心，往往一个任务来了就动员大批警力上街，造成人员疲惫，战斗力减弱。有的领导对科技强警也缺乏认识，不愿意动脑子，随意性很强。因此，必须提高队伍的正能量，发扬来之能战、战之必胜的战斗精神。

同时，加强队伍的思想政治工作。公安机关是党和人民手中的"刀把子"，要始终把确保国家政治安全、政权安全放在首位。现在基层公安机关普遍存在重业务轻教育的问题，特别是对日常教育管理不够重视。

有的政委、教导员形同虚设，整天跟着一把手抓业务，群众称是第一副所长。队伍出了问题找一把手，一把手苦于忙工作，没有时间抓队伍管理。长此以往思想政治工作薄弱，队伍思想涣散。

发生这样的问题，关键在于政工干部职责不清、责任不明，没有严格制度。要明确政工干部的职责，加强政工干部培训，发挥好思想政治工作"生命线"的作用。

四是必须彻底解决非警务行动问题，维护民警的正当执法权益。近年来，各地公安机关面临着大量的非警务行动，小到家里钥匙丢失，大到征地拆迁、医疗纠纷，都要使用警力，有的政府不管发生什么事件都把警察作为第一推手，往老百姓身上使劲。群众反映很不好，把对政府的一些不满情绪都发泄到警察身上。

这种现象，严重影响了警民关系和警察形象。现在我国已经进入依法治国时期，一些非警务行动无法可依，只是靠政府命令行事，这种做法是把民警直接推到社会各种利益矛盾冲突的风口浪尖上，致使民警的执法公正性被质疑，公信力受损。

有些人片面理解"有困难找民警"，动不动就打110。据市公安局统计，2012年至2014年平均每年接110警情电话5万件，80%以上不属于公安机关职责范围，占用了公安机关大量的警力。对此情况，各地反映也都很强烈。

建议公安部应按照依法治国的要求出台相关规定，依法限定地方非警务行动，维护民警正当执法权益，把民警从繁重的非警务行动中解放出来。

五是解决好民警的职业保障。各地人民警察对职业保障的呼声很高。首都公安工作处于特殊岗位，担负着特殊任务，民警承担的责任、承受的压力、付出和牺牲最大。我认为，对特殊岗位人民警察职业待遇应有保障体系。根据首都公安民警长期加班加点的特殊情况，也应在加班补助、岗位津贴等方面给予特殊政策倾斜。

民警的职业发展很重要，应当受到重视，现在存在的问题，一是职级低，晋衔也受到公务员制度影响，有的民警参加工作二十几年还是科员，警衔也没有变。我认为警衔要跟着警龄走，不应受到职务限制，很多民警不是为了当官，而是为了当警察。二是人才流失比较严重，全局网络、技侦、强制治疗等部门的专业人才，职称与待遇不挂钩，造成队伍不稳定。必须保护和培养人才，对特殊人才待遇给予政策倾斜，制定专业技术岗位津贴制度。使公安工作向着高科技发展，创新公安工作新局面。

我的两次关于首都公安工作改革的调研报告，在调研前都征求市局主要领导意见，调研报告也首先送市局领导参阅。市局领导大力支持我的调研，并委派市局政治部领导和调研处、老干部处同志积极配合我下基层调研，帮助我写调研报告。为使上级领导关注，除直接送给公安部和中央政法委主要领导外，还送给中央有关领导和市委、市政府主要领导参阅。第一次调研报告，公安部改革领导小组的负责同志批示："良基同志对队伍正规化建设和公安改革做了深入调研思考。所提建议对于形成有关改革方案和工作意见很有帮助。"市委书记郭金龙批给市公安局领导班子学习。

2017 年，我的调研报告，把调研题目放在"实战化强警"这个突出问题上，说的是如何强警、兴警。强警必练兵，好钢是炼出来的。我经过两次下基层深入调研和反复思考，借党的十九大东风，在市局政治部调研处的协助下，写出了题为《公安机关要适应新时代提出的新要求，毫不动摇地走实战化强警之路》。

这次调研报告经公安部老干部局咨询委员联络室，直接送给公安部领导参阅。部领导很重视，高度肯定了我的意见和建议。公安部主要领导亲自注批给予肯定与鼓励。

这份调研报告，是基层领导和民警的心声！是所有参加座谈调研的广大民警共同写就的。我很感谢他们！也很感谢市局政治部领导和调研处、老干部处同志协助我下基层，并帮助我写出了这个有分量的调研报告。

党的十八大以来，全面从严治党，清除党内腐败，强调党要管党，加强了党的建设。习近平治党治国之策，使中国特色社会主义发生历史性改变。习近平总书记在党的十九大庄严宣布：中国特色社会主义已经进入新时代。"一带一路"倡议带动沿线各国经济繁荣，和平发展。中国强大是维护世界和平的巨大力量。看到在习近平统帅下，我国国防建设和人民军队的改革如此快速，军队如此强大，全国人民无不振奋。

我想，强军也要强警，一个"枪杆子"，一个"刀把子"，都要强。公安改革应该加快步伐，向人民军队学习，走新长征之路，从实战出发强化实战化训练！

在调研中，我专门学习了习近平总书记提出的"对党忠诚、服务人民、执法公正、纪律严明"四句话十六字总要求，四句话十六字总要求为公安队伍正规化建设、强警兴警指明了方向。

我国已进入法治社会，对警察执法要求更为严格。必须改变旧理念，树立"以人民为中心"的发展思想，提高执法能力。

党的十九大召开之前，我就公安改革正规化建设，如何强警，如何提高民警的执法理念和执法知识，在北京先后走访了昌平、朝阳、通州分局和交管局、刑侦总队基层民警，同他们一起座谈。

谈到如何强警，大家异口同声提出，"为适应执法环境的变化，提高执勤执法能力，要求各级领导要重视民警实战化训练，给他们学习提供机会"。

在座谈中，民警说出了很多苦衷，很多顾虑，有的不敢作为怕犯错误。民警迫切要求《人民警察法》修改尽快出台，维护民警正当执法权益；要求公安改革顶层设计尽快出台，改变民警执法现状。

民警普遍反映，训练大纲离民警实际操作太远，遇到问题脑子没数，不会处理。特别是治安管理缺乏规范，操作性不强，给民警出警带来很大压力，往往一件小事处理不好也会引起麻烦。

民警反映，社会治安不确定因素很多，特别是偶发、突发事件时有发生，执法环境弹性很大，必须强化实战化训练，用民警身边实例教学，加强民警之间交流，多给民警训练时间，丰富训练内容。

很多新入职民警还不能单独工作，需要加强训练。昌平分局霍营派出所分配来十六名大学生，都没有学过法，政委王京涛每天带着他们出勤学执勤执法很不容易。朝阳是商业繁华地区，整治社会治安很重要。通州即将成为北京市副中心，进入大城市管理模式，公安民警急需更新理念，加强实战化训练。交通管理是城市大治安，任务很重，有的民警处理违章、违法不敢出手，怕犯错误，怕招惹是非。交警单兵作战更需要实战化知识。特别是路线警卫勤务必须强化实战化训练。在此之前，我也到西城、东城和海淀分局同民警一起座谈，他们同样支持实战化训练，并提出了很多好的意见。

海淀分局首创"警察训练营"，在几处院内搭棚做教室，让民警就近参加培训，组织教官团边教边练，编写规范执法口诀，梳理了执法执勤中常见问题500多个。编写了公共科目、专业科目50余项教案，打造了百人教导队，培训效果很好。各地公安也都来北京学习交流。这些充分说明民警的实战需求是多么重要！

我永远记着老一辈无产阶级革命家彭真同志对我说的话，"工作要有张有弛，弓不能拉满，弓满弦断"。我想用兵必先练兵，要给民警学习、训练创造条件，更加有效地系统地加强教育培训。

我的调研思考

◆ 公安机关转变作风，树立以人民为中心的发展思想很重要。在每一起执法行动中、在每一起案件的办理中，都要把"人民"两字放在心中最高位置。不断增强人民群众的安全感是强警的根本。

◆ 革命化、正规化、专业化、职业化建设，是我们这支队伍的建设方向。近年来，各地公安机关深化改革，减少、合并机构，大批警力前置下沉，优化组合，充实了基层力量，取得了明显成效。

2017 年 8 月，在昌平分局调研公安基层基础工作

但实战化训练没有跟上，一些民警不会执勤执法，不适应派出所的工作方式，也影响了基层民警效能的提高。这几年民警的基本功缺乏训练，勘查现场，摸排查基本技能不被重视，多靠高科技。我们需要科技强警，更需要培养专业人才，具备扎实基本功。要发挥民警的独立作战能力，培养一警多能、一警多用，向合成多能化发展。

◆ 公安正规化建设要与素质强警统一起来。有些人认为实战化训练是长期的事情，能应付眼前任务，多用警力，不怕辛苦就行了，没有把实战化训练当作正规化建设的重要内容，对实战化训练是说起来重要、做起来次要、忙起来不要。

教育训练内容缺乏从实战出发，偏重于书本理论，纸上谈兵，

2019 年 5 月，在海淀分局调研公安基层基础工作

与实际警务工作、实战应用脱节。另外，训练机制也不完善，与育人用人衔接不上，缺少相应的政策和法律支撑，教育训练缺乏"奖""罚"措施，导致无法形成压力和动力。

我的调研建议

◆ 加强顶层设计。"百年大计，教育为本"。实战化训练更是寄托着公安工作的希望，承载着公安事业的未来，需要从顶层设计上予以系统规划。

我们要学习解放军一声令下、只争朝夕的作风。我想公安改革也要解放思想，依靠基层首创精神，敢于作为。

我认为公安部和各级公安机关，要有一个长远规划。既立足当前，注重完成现阶段实战化训练任务，又着眼于长远，加强系统规划和制度规范建设，最大限度地避免实战化训练东一榔头西一棒槌、零敲碎打，要注重提高公安队伍的整体效率和工作质量。

改革要讲究实效。当前公安工作任务繁重，民警学习、训练时间太少。为了实现强警目标，困难再多，任务再重，也要精心安排，坚持抓好实战化训练。

◆ 要以人为本。把民警的需求作为训练的起点，确立按需培训的理念。坚持理论与实践相结合，战时运用与日常训练相结合，适应新形势、新情况、新要求。

倡导启发式、研究式、讨论式教学，突出实战实用。"铁打的营盘，流水的兵"。军队的优势就在于无论人员如何调整和变化，这支队伍的好传统、好作风都能代代传承不息。公安民警应学习借鉴。特别是要牢固树立终身学习理念，教育引导民警充分认识教育培训对提高素质、推动工作和促进个人成长进步有着重要意义。

当前为缓解警力不足，各地使用辅警很多，有的地方让辅警执法，出现了不少问题，严重影响公安队伍正规化建设。

建议把民警实战化训练要求、战斗力标准贯彻到公安队伍建设的全过程。坚持"仗怎么打，兵就怎么练"，培养民警独立作战能力，使民警有能力担负起自己的职责。

同时，也要发挥网上教学覆盖面广、共享性好、灵活性强的特殊优势，向科技创新要战斗力。北京交管局研发了"交圈儿App"，开通"一对一"强化即时培训，借助"交圈儿 App"开设有问有答栏目，一警咨询，全警回答，全警受益，成为民警问在指尖、助在身边的"掌上通"，随时解答民警困惑。

◆ 要强化育用结合。这也是推动教育培训从顶层设计到基层落地的一项重要举措。现在一些训练与民警的晋职晋级衔接不紧密，民警参与的热情和动力不高，造成培训效果大打折扣。

建议要把训练工作与单位的考核、评价，与个人的考察、晋升相挂钩，促进基层单位和领导干部狠抓落实。着眼于公安体制、机制深化改革，向合成多能化发展，加强一警多能配套式训练，适应动态新要求。

◆ 必须领导带。俗话说得好，兵怂怂一个，将怂怂一窝，有什么样的领导就有什么样的兵。

当前，队伍训练是大事，各级领导必须充分认识带兵用兵的重要性，言传身教，像师傅带徒弟那样亲自抓培训，做到"民警敢出手，领导敢担当"。领导要做民警的后盾，带出一支懂法、懂业务，能打硬仗的队伍。

现在有的领导，遇到紧急任务也只是多派人，没有考虑民警的执勤执法能力和可能发生的不安全问题。这种现象必须纠正，不能等出了问题再去处理人。

我们靠"对党忠诚、服务人民、执法公正、纪律严明"教育广大民警忠于职守，领导干部也要以身作则，亲自上阵为民警做示范，增强民警的思想自觉和行动自觉，养成好思想好作风。

必须把思想政治教育摆在首位，把对党忠诚教育、廉政教育作为实战化训练的必修课。教育引导民警增强"四个意识"，坚定"四个自信"，做到"两个维护"，"不忘初心，牢记使命"，始终在思想上政治上行动上同以习近平同志为核心的党中央保持高度一致，做党的忠诚卫士！

十二 ◇ 挚爱

◆ 良师益友

"无情未必真豪杰。"我在思考写回忆录时，脑子里经常闪现着早年老领导老战友的身影，他们是我成长路上的良师益友。他们的革命精神和战斗友情对我有很大影响，有的已成了革命烈士，早年去世，但我永远都忘不了这些老领导老战友当年的教诲和帮助。

"滴水之恩，当涌泉相报。"我当局长时和离休后，曾多次去看望还健在的老领导、老战友，与他们相聚，哪怕是很短促，也很安慰。我一直想念在华北军政大学时我的老连长和营教导员，他们都是抗日战争和解放战争的英雄，被派到军校降低一职使用，团职改营职，营职改连职，为的是培养我们这一代人。他们不负光荣使命，带出了一批批年轻人。是他们培养我在军校加入共青团。很遗憾因年代久远我记不清他们的名字了，也不知道他们的后来如何。

与刑侦处老领导合影，北京刑警创始人、刑警大队马永臣（前排右三），刑侦处第一任处长王少华（前排右二），副处长朱峰（前排左一）、王殿栋（后排右一），作者（后排中）

还有入警后，在刑警大队培养我光荣入党的两位老领导，一位是原刑警大队一中队队长，后升为刑警大队副政委的赵国兴，后来又调到电子管厂任党委书记。他在部队当过营教导员，很有才能。他调走后我几次去看望他，但后来他调去深圳任职再没能见过。他不仅是我入党的介绍人，而且是我当好刑警的领路人，他对我说"不要怕困难，要当好新中国的刑警"。他的这句话对我鼓励很大。另一位是原一中队指导员，后调到东城分局刑警队当队长，又任农保处副处长的王伦。他是从山东荣军学校调来的，负过伤。我曾跟他在东城刑警队当文书，对我很有帮助。在"文革"

期间下放劳动时，因下放地点不同，他在团河农场下车时看见我，老远追着车喊我。我是到天堂河农场下车，当时一阵心酸。这是怎样的感情？是真切的革命感情。他性情很孤傲，退下来不愿意参加集体活动，我几次到家里看望他请他吃饭，我很想念他！还有很多早年的老战友，包括当年在刑侦处大案队和涉外案件侦查队退下来的老同志，他们都是破案有功人员，我都想着每年和他们相聚。后来年纪大了，相聚越来越少了，我也祝他们健康、长寿！

对老战友的困难，只要顾得上，而且能顾，我一定顾。当年刑侦处警犬队长张德贵已经五十好几了，还和老伴及已成家的女儿挤在老伴单位分给的两间平房里。1996年，他听到局里有分房的消息，平时向来不找我的他鼓起勇气到局里找我。警犬队是我在刑侦处时建起来的，让他担任队长。张德贵有一手养犬训犬的技能，早就有单位出高薪聘他，他也快到了退休年龄，我没有让他走，他义无反顾留在了艰苦劳累待遇菲薄的刑侦岗位上。这样的好同志，局里必须帮助他解决困难，我一口答应，按相关政策帮助解决了两居室。我曾派他几次去德国选种购买牧羊犬，自己繁殖警犬。后来张德贵被评为高级工程师，带出的北京警犬队在全国属一流。

◆ 身边帮手

我在任时的两任秘书都因跟着我熬夜导致身体不好，他们对工作认真负责很敬业，与同志们相处很融洽，大家都很喜欢他们。

照常秘书跟着领导时间长了都会张扬，而他们却很低调，与上下级民警关系都很亲密。这或许与他们的性格有关，或许与我的严要求有关。我不许他们在外边与相关人员一起吃喝，不许与社会上闲杂人员交往，他们很守纪律。他们对我的工作给予了莫大的支持，至今我们都像家人一样。

前任秘书王伟是指挥中心科长，长得清清瘦瘦，说话温温和和，待人谨慎而有礼。他跟着我上任，头一年就遇到王宝森自杀事件，第二年遇到鹿宪州、白宝山案件，每天回不了家，睡在办公室沙发上。一次晚上，研究室的同志为我准备一份重要材料，我为了赶时间凌晨4点了还在改写。研究室的同志实在睁不开眼了，"怂恿"王伟，"你赶紧让局长睡觉吧。"王伟笑道："让他睡？我还想睡呢。"后来王伟熬得终于坚持不住了，乏力、腰疼、尿血。到医院一查，肾上长了个肿块。送他住院时，我对他说你真是受苦了，你什么都不说，什么都忍着，你看长东西了吧。你看我什么都说，什么都嚷嚷，就不长东西。说着我眼泪流出了，王伟也哭了。后来，他到技侦总队当了政委。

接王伟的是李庄，他在政治部组织处任副处长，是党委会秘书。李庄也是清清瘦瘦，一副文弱书生的样子。不知我是不是心理作用，隔了几个月再见李庄，觉得他比原来更清瘦了。我就说："李庄，你怎么这么瘦？"李庄只是笑："瘦点儿精神！"后来我的工作越来越重，他的压力也越来越大，每天晚上排队听汇报，他在外屋成了接待站。但他有工作能力，很细心，很会团结人，身边的公务员、司机都听他的，各单位领导和同事也都对他很尊重，有

同秘书李庄（左）、张金龙（右）在一起

事都求他帮助，找我汇报工作之前都先找他商量，减去了我很多麻烦。他与指挥中心主任尹燕京配合得很好，有事互相担待，更重要的是他们都在为同事和领导承担责任，我本来想发火，他们却站出来灭火，甘当挨骂者。如发生了事情下边报晚了或没报清楚，我要追究，他们都说是他们的责任，并给下边出主意赶快纠正。时间长了我发现了狠狠批评了他们，但我也非常认可他们。在我最后破获邹竟蒙案件中，李庄也是昼夜不眠，为我守住电话接报信息。李庄还有个特点，他对我的生活很关照。我常因工作忙回不去家，家里人打电话我也顾不上接，事后他都问明事情缘由帮助解决。我很感谢他！我退居二线他又跟着我两年。我身体不好，老伴精神又不好，他依然守着，这是什么感情？是战友，是挚友！由于工作业绩突出当了市局现役办主任，升为正师级，后他调到消防总队当了副政委，转为军职。

还有我的司机兼秘书张金龙是个铁打的汉子，他身材矮矮的，就把脑袋的个儿显出来了。一对大眼睛扑闪扑闪的。我想：难道个子小的人经熬？可市局疗养院的乔院长对我说：金龙随我到疗养院体检，什么也不想吃，只是想睡觉。他跟着我从刑侦处到市局开了十年车。他对记者杨菊芳讲过一段往事，1994年6月1日凌晨4点，通县北关环岛两名歹徒持枪劫持一出租汽车司机，开枪将司机打死，又将上前阻止行凶杀人的我局一名交警当场打死。两名歹徒驾车向秦皇岛逃跑，我带队追捕，从通县追到秦皇岛，又从秦皇岛往回追到一个小县城卢龙，终于在秦皇岛市公安局堵截民警协助下，抓获了两名罪犯。连续奋战两天两夜，汽车的空调都跑"飞"了，冷风变成了热风。回到市局，下车时张金龙连路都不会走了。后来，他调到亦庄治安分局当副局长，又调到市局后勤总队任副总队长，主管车辆。因患胃癌早年去世。他跟着我十多年，从未服过软，说过苦和累，在与罪恶作斗争中他也是当之无愧的英雄！

◆ 扶贫的爱

我离休后，为支援帮扶贫困地区儿童求学，也做了很大努力。

为实现两个一百年目标我信心满怀，始终做在前、冲在先，发挥一个老党员老公安的先锋模范作用。在积极参加扶贫活动中，我产生了对扶贫的爱，我和朋友们一起专心帮扶重点贫困小学。我认为"扶贫先扶智"，培养新一代接班人，搞好儿童教育很重要。

2011 年 7 月，我通过朋友吕燕群（老公安转业到合资某饭店任总经理助理，主管饭店保卫工作）从网络信息上得知：四川省内江市资中县鱼溪镇有一所民办留守儿童学校"利民小学"。校长陈平是复员军人，在自留地上盖起一座小学校，找了几个志愿者做教师，收留几十名留守儿童免费上学，教学条件非常艰苦，网上呼吁、多方求助。

我们得到这个信息，被陈平的爱心打动了。我和吕燕群、乔卫（市侨联副主席）、许杰（时任市公安局出入境管理处政委，现任延庆公安分局局长）及饭店十几个朋友组成扶贫小组，一起凑钱买了很多书籍和学习用具，并捐赠现金四万元（我捐一万元），给利民小学寄去。这在学校和当地引起很大反响，陈平校长亲自带着四名优秀学生来北京表示感谢。为了鼓励他们，我们组织了座谈会，四名小学生恭敬地给我们戴上红领巾，叫了声爷爷和叔叔，他们是含着眼泪叫出的，我们也感动得流了泪。我给四个孩子每人发了一个红包，让他们买点儿礼物孝敬他们的父母。我对孩子们说："你们不仅是父母的孩子，也是我的孩子，是国家的孩子！你们是祖国的未来和希望！"陈平校长一再行军礼，表示由衷的感谢。我对他说："你能牺牲个人利益，为党和人民分忧，我们敬佩你！百年大计,教育为本！教育是斩断贫困根源的法宝，

与利民小学来京学生合影

希望你为了孩子们、为了祖国的未来办好学校，为国家培养好新一代接班人。"吕燕群所在饭店的两名外国（英国和法国）驻店经理也参加了座谈会，鼓励孩子们好好学习，"大千在线"网站记者也随同采访。我和吕燕群、许杰等同志还带领孩子们到天安门广场参观了升国旗仪式，瞻仰了人民英雄纪念碑。我们给孩子们讲了人民英雄纪念碑的故事，对他们进行革命传统和爱国教育，让他们懂得长大了要报效祖国。他们回到学校大力宣传北京之行，一股蓬勃的力量在学生们中传递着。后来，这四个孩子率先考上重点大学。

我们决心支援陈平，帮助这些留守儿童求学。扶贫小组发展成为爱心慈善基金会，为的是让留守儿童有受教育的机会，切断贫困代际传递，斩断穷根。基金会连续两年捐赠大量书籍、教学仪器用具、体育设施，包括光盘、DVD 播放机和电子黑板，合计价值 20 多万元。学校的教学条件得到了逐步改善，被当地百姓广为宣传，引起当地政府和公私企业的高度重视。很多企业纷纷出资捐助，他们说："四川的留守儿童求学能得到北京的支援帮扶，我们当地却没做什么，北京为我们开了先河，我们要积极行动起来。"

吕燕群同志是我们爱心扶贫小组的主力，多次被邀请到资中县，向县政府主管教育的陈副县长汇报我们对利民小学的支援帮扶情况，同扶贫企业家座谈交流经验，推动了当地扶持民办教育事业。后来在当地政府的大力支持下，利民小学很快发展成为全县留守儿童重点学校，纳入九年义务教育制完全小学，政府每年拨款近 120 万元教育经费。学校留守儿童也从几十人发展到几百人，直到现在有 1200 人。学生是来自本县和成都、汶川灾区、康定等外县，以及西藏、青海、贵州等外省区的贫困学生，其中有20 余名残疾学生、孤儿学生来此求学。利民小学成了一所深受家长、社会好评的私立小学。利民小学毕业的很多学生后来考上了大学，走出大山，有的毕业后返回家乡投身家乡建设，为当地整体脱贫、共同致富贡献自己的力量。

2015 年，因利民小学为当代留守儿童教育提供了典范，被《中

在《北京老干部》杂志2020年第11期发表《扶贫先扶智》一文

华人民共和国年鉴》纪录在册。陈平校长和他创办的利民小学为教育创新、国家脱贫攻坚作出了很大贡献。这对我们也是很大的教育，水滴帮扶办了大事，这是党的力量，人民的力量。

2014年，我又积极参加市公安局政治部老干部处组织的老干部扶贫群，开始每次捐赠5000元以上，后来走向精准扶贫，每年为四川阿坝自治州小金县30多个贫困家庭和4个留守儿童学校定点帮扶。至今我们这些老同志仍坚持每月从工资拿出100至200元，一年1000至2000元给予支援。留守儿童求学有保证。在2020年脱贫攻坚关键时期，湖北武汉突然爆发新冠疫情，灾情很严重，我妻子和朋友在广东购买了很多防疫用品（约二十几万元），通过红十字会及时寄到武汉医院帮扶救治。她们没有留下自己的名字，只写了救灾群众。后来我又响应中央和市委号召，为防控疫情自愿捐款 1 万元。

我是首都公安战线老战士，心系首都公安工作，心系首都广大民警。在我任公安局长时，每当发生民警负伤牺牲我都立即赶到他们的家中安抚老小。我为崔大庆、徐晋格、沈金柱等烈士的家属子女带头捐款资助。当时我的工资并不高，有时还要向秘书借钱捐助，带动全局民警发扬互助互爱精神。在离休后我仍然关心民警及其子女的疾苦。2015 年，我特向市局民警抚助基金会捐赠 25 万元，专项用于帮助在抓捕罪犯英勇牺牲和日夜拼搏猝死在工作岗位上的民警的子女求学，既是为他们的家属解难，也是为我们人民警察的子女健康成长、培养祖国的未来和希望，尽上一份责任和担当。

2020 年 8 月，我接到市委老干部局联络服务处发来的"我看脱贫攻坚新成就"专题调研提纲，经过学习，我想到当年支援帮扶四川资中县民办留守儿童利民小学的故事，联想多年扶贫活动，我感到"扶贫先扶智"对推动扶贫活动、对国家未来有着重大意义。2020 年是全党全国各族人民在习近平总书记坚强领导下，战胜新冠疫情和灾情，决胜全面建成小康社会，决战脱贫攻坚，实现第一个百年目标的收官之年。脱贫攻坚一仗打得漂亮，脱贫攻坚成果落地生根，充分显示出中国特色社会主义制度无比优越、无比强大。我们有信心、有力量为实现两个一百年目标，实现中华民族伟大复兴的中国梦而奋斗！

附录：作者简历

张良基，1934 年 10 月 12 日出生于山东省掖县（今莱州市）红布村一个中农家庭，汉族，大专文化。1949 年 12 月加入共青团，1952 年 11 月加入中国共产党。北京市第八次党代表大会代表、北京市第十一届人民代表大会代表；中国共产党第十五次全国代表大会代表；第九届全国人民代表大会代表。

1949 年 9 月，参军，考入华北军政大学，同时参加革命工作。

1951 年 5 月，转业到北京市公安局外二分局施家胡同派出所任民警；同年 12 月调入市局，先后在市局三处刑警大队、十七处侦查科、十三处侦查一科任干事、科员、侦查组长。

1965 年 9 月，在北京市顺义县李遂公社参加彭真、刘仁同志领导的北京市委"四清"试点工作队。

1968 年 11 月，"文革"期间，下放到市局军管会"一〇四"农场劳动。

1972年12月，回市局十三处一队任侦查组长、副队长。

1976年粉碎"四人帮"，撤销军管会，调市局清查办公室专案组。

1981年3月，任二处（刑侦处）涉外案件侦查队队长。

1985年1月，任二处副处长。

1987年4月，任二处处长。

1990年6月，任北京市公安局党组成员、副书记、副局长。

1995年1月，任北京市公安局党组副书记、局长。

1996年3月，任北京市公安局党委书记、局长。

1997年1月，兼任武警北京总队、武警北京第二总队第一书记、第一政委。

1997年3月，任北京市市长助理、北京市委政法委副书记。

1998年9月，经中央组织部批准晋升为副市长级，同时晋升副总警监警衔。

1999年3月，退居二线。

2004年7月，离职休养。

后记

人的一生离不开家庭和爱情的力量。我晚年
丧子又丧妻是我的痛，后来认识了李霞，结为夫妻，
她和她的三岁儿子佑彤是我的爱。晚年幸福使我
焕发了精神，丰富了我的感情世界。我的回忆录
之所以能够坚持完成，也是因为爱妻李霞和小儿
子佑彤给了我爱的力量和支持。

李霞是一个性情刚烈又有志气的女人，自己
开办公司创业，事业做得很成功。我们是在深圳
经朋友介绍认识的，后来产生了爱情，2009 年结
婚。很多同志为我高兴，说我"破案是传奇人物，
爱情也是传奇人物"。当时我正在写回忆录，她
看了很振奋，没想到我当年任公安局长时为守护
北京平安破获了那么多大案，又看到我从小吃了
那么多苦，她含着眼泪给小儿子佑彤讲了我的很
多故事，教育他长大了要学爸爸。

李霞大学读的是中文系，文学素养比较高，
又很热爱警察职业，她为帮我写回忆录并写出我
对民警的情感做了很大努力。当时我的身体不好，
多年劳累造成腰椎变形，时而犯病，她每天都要

用热毛巾为我敷药、按摩,时间一长手指都变了形,我很是心疼。她为了守护我的身体健康决心放弃自己的事业,转让公司,一心为家,这种纯真爱情使我感动一辈子。小儿子佑彤在她的教育下很爱学习,也很孝顺,是我和李霞的牵手人。我对朋友们说,我的晚年幸福是李霞和小儿子给我的。今天我还要说,我能够写好回忆录,抒发出我的炽热情怀,也是爱妻李霞的功劳。她虽然没有经历我的过去,但她从帮我写回忆录的过程中,看到了我和战友们的过去,看到了首都人民警察走过的光辉历程!她很敬佩首都人民警察对党、对人民的忠诚,表现出她作为警嫂的荣誉感和自豪感,大家也都尊敬她,亲切地管她叫小婶儿。

感谢老战友们和帮助我完成这部回忆录的各位同志,特向大家致以革命敬礼!

2021 年 3 月